「言うことをきかない子」のしつけ

こうすれば子どもは「ちゃんと」ききわける

田中喜美子
Kimiko Tanaka

PHP

装幀／小山比奈子
本文イラスト／半井映子

はじめに

言うことをきく力はガマン力《りょく》

人間は誰でも、したいことを自由気ままにやれたらどんなにいいか、と思って暮らしています。でもみながみな、勝手なことをやりだしたら社会生活が成り立たないのは当然のこと。ひとりひとりが何らかの意味で譲りあい、ガマンしあっているのが人間の暮らしです。

子どもが親の「言うことをきく」ということは、この「ガマン力」をつける第一歩で、人生の最初のステップでその力をつけておかないと、あとになってからたいへんなことになりかねません。

ところがいま、基本的に子どもに「ガマン力」がつかない暮らしが、社会全体に広がっています。豊かすぎる生活のなかで、子どもは飢えも寒さも知らず、暑さからさえも守られているからです。つめたい水で顔を洗うことも、ひもじさをこらえ、ようやく食事にありつく体験もありません。

そうした暮らしのなかで、幼児期にすべてのわがままを許されて育ってしまっては、子どもはわがままで自己チューな人間として育つのは当然の成り行きではないでしょうか。

母子の間に信頼関係をつくろう

子どもが「お母さんの言うことをきく」のは、何よりもまず子どもがお母さんを「信頼している」からです。子どもは信頼しているお母さんの言うことは、怒鳴ったり、たたいたりしないでも、すんなりとききわけてくれるのです。

子どもをそういう形で育てることは、決して難しいことではありません。

現にフランスでも、イギリスでも、日本のようにわがままな「駄々《だだ》っ子《こ》」の姿はほとんど見られません。それらの国の子どもたちは、日本の子どもたちよりはるかに素直に、母親の「言うことをきく」子どもたちです。しかし、その子たちがひよわな「指示待ちっ子」かというとそれどころではなく、彼らは日本の子どもたちよりはるかに自立した、たくましい若者として社会に巣立っていきます。そして大人になっても親と子は親密な関係で結ばれています。あらゆる「先進国」のなかで、日本のように母親が子育てに振り回されている国はなく、こんなふうにひよわな自己チュー児が数多く育ってしまう国も珍しいのです。

子どもをどう育てれば、「言うことをきく」子、しかも自立力をそなえた子になるのでしょうか。そのためには幼い時代から、「正しい子育て」をすることが必要なのです。

では何が「正しい子育て」なのでしょうか。

どうしたら「正しい子育て」ができるのでしょうか。

この一冊は、真の意味で「親の言うことをきく」子どもを育てるノウハウをお伝えするために書かれています。

最後まで読み通してくだされば、あなたの子育てははるかにラクな、はるかに実り多いものになり、あなたの子どもはお母さんに心からの信頼を寄せるようになることでしょう。

二〇〇六年一月

ニュー・マザリングシステム（NMS）研究会代表　田中喜美子

『こうすれば子どもは〝ちゃんと〟ききわける』

もくじ

はじめに

序章● 子どもが「言うことをきく」のはよいことか？ 悪いことか？

お母さんの迷い 10／「しつけ」はできるだけ早いうちに 11／ききわけのいい子はなぜ育つ？ 14／「しつけ」とは「ルールを守る」こと 16

第1章● 赤ちゃん時代につくられる「言うことをきかない」子

育てやすい赤ちゃん・育てにくい赤ちゃん 20／育てにくい子が「言うことをきかなくなる」わけではない 26／「けじめ」のない甘やかしが「言うことをきかない」子をつくる 28／子育てはほんとうは大変ではない 30／「頭にくる」のはどんなとき？ 32／一歳から二歳へ――はっきりした反抗 36／二歳児――なんでもイヤイヤ 38／三歳を過ぎると 40／憎まれざかりの幼児たち 43／ほとんどのお母さんは子どもを「可愛い」と思っている 46／

赤ちゃんの可愛さ　48／母であることの喜び　52／「愛」と「けじめ」を教えるために　55

第2章●「しつけ」につまずくとき

ひとりで寝られない幼児たち　58／最初はわからない「添い寝」のマイナス　59／
年とともに増幅する「添い寝」のつらさ　60／「添い寝」をやめる方法　64／
「添い寝」をやめるには大きな覚悟がいる　66／おっぱいに頼って子育てをダメにする　71／
できるだけ危険を避ける　74／「そのうちなおる」ってどういうこと？　76／
ゼロ歳で植えつけられるわがまま　79／お母さん、自信をもって！　80／約束を守る大切さ　84／
お母さんの間違ったしつけ　86／子どもに信頼されるには　89

第3章●食事のルールが何より大事

食生活でぐらつくしつけ　94／「食べない」という悲鳴　95／食べさせようと必死　98／
食のイニシアティブを母親に　101／空腹を知らない子どもたち　104／めちゃくちゃな食生活　106／
まめまめしいお祖母ちゃん世代　108／お子さま優先の生活　110／好きなものだけ食べさせる　112／
食生活の軽薄短小化　116／何でも食べられる子を育てる　118／何でも食べる子に育てるポイント　122／
食欲は生まれつき　126／哀しい親たち　128

第4章 お母さんと子どもの相性

母親のタイプは千差万別　132／どうしても甘くなりがちな日本のお母さん　136／問題になってくる親と子の「相性」　138／母親の「言うことをきく」子の落とし穴　142／「言うことをきく」ほうがいいのか、「きかない」ほうがいいのか　146／仕事中心の子育てのメリット　150／「子育てが楽しい」と言えない日本の母親たち　151／大切な二、三歳児への対応　154

第5章 必要な場面でちゃんと「言うことをきく子」

原則は簡単だ！　160／子どもをだます日本人　168／大人が好きなウソ　170／「しつけ」の基本　175／お母さんの空回り　179／言葉の使い方が大切　181

終章 子どもの「生きる力」を伸ばすために

意外に難しい「子どもに言うことをきかせる」ということ　186／「言うことをきく」子どもを育てるコツ　186／子育ては迷うことばかり　189

おわりに

序章

子どもが「言うことをきく」のはよいことか？　悪いことか？

お母さんの迷い

いまほどお母さんたちが「子育てに迷っている」時代はありません。

子育ては「物理的」にはずいぶんラクになりました。

でも逆に、子どもをどんなふうに育てたらいいのか、どんな「しつけ」をしたらいいのかということに、母親がさっぱり自信をもてない時代がきています。

何しろ時代の変化が速すぎて、昔のようにお祖母《ばあ》ちゃん世代の経験に頼ることもできなければ、育児情報もあふれすぎているからです。

こうしていま、お母さんたちの最大の悩みは、子どもの「しつけかたがわからない」ということ、そして何とかしつけようとしても「子どもが言うことをきかない」ということになってきています。そして「どうすれば言うことをきくのかがわからない」ために、「しつけ」などはもっと大きくなってからでもいいんだわ、二、三歳児がお母さんの言うことをきかないのは当たり前――と考えるお母さんが増えているのです。

そうでしょうか。子どもが――とくに四、五歳までの幼児が、お母さんの「言うことをきく」のは、必要ないことなのでしょうか。子どもへのしつけは、もっとあとになってからで十分なのでしょうか。

「しつけ」はできるだけ早いうちに

日本は伝統的に、幼児にはとても「甘い」国、子どもを甘やかす国でした。大人たちは「泣く子と地頭には勝てぬ」と、いわば子どもの言いなりだったのです。そして昔の子育ては、それでも十分に機能していたのでした。

しかし時代が完全に変わってしまったいま、昔どおりのやりかたでは子どもに一人前の社会人として「生きる力」をつけてやることはできません。

私の主宰している子育ての通信教育講座「ニュー・マザリングシステム（NMS）研究会」には、「言うことをきかない子」に手を焼いているお母さんからのご相談が始終舞い込んできます。

◎「ご飯をきちんと食べてくれない。お菓子ばかり欲しがる」
◎「ちょっとでも私の姿が見えないと、大騒ぎする。どんなに言いきかせてもききわけてくれない」

◎「ものを投げる。叱《しか》ってもやめない」

◎「自分の思いどおりにならないと、ひっくり返って泣き叫ぶ」

◎「私をぶつ。いけません、と言ってもやめない」

◎「早く寝かせようと思っても、いつまでもテレビを見ている」

◎「私のことを『クソばばぁ』と言う。叱っても笑いながら何度も言う」

こんなふうに子どもが「言うことをきかない」状況を放《ほう》っておくと、子どもに「自分の要求は何でもとおるんだ」と思いこませる最悪の結果を生むことになりかねません。どんなに幼くとも、ここ一番というときに子どもにしっかり「言うことをきかせる」ことは必要なのです。

でもお祖母ちゃんなど周囲は、とかく「まだ小さいんだから……」と大目にみようとしますし、「言うことをききすぎる」子は問題がある、と発言する学者もいます。

いったい何がほんとうなのでしょうか。

たしかに次のような場合は、同じ「言うことをきく」子でも心配な部分があります。

何かしたいことがあっても、いつもお母さんに「これやっていい?」ときいてからでなければやれない。

まだ二歳だというのに、何かしようとするたびに、チラッとお母さんの顔色をうかがう……。

こうした子どもの姿は、やはり望ましいものではありません。

というのもそれは、一見お母さんの「言うことをきく」ように見えながら、実はほんとうの意味で「言うことをきいて」いるのではないからです。ただ親と子の力関係のなかで、子どもが抑圧され、無意味に親に従っているだけだからです。こうした形で子どもが育っていくと、大きくなってからも自主的にものごとに取り組めない若者になる危険もあれば、逆に、思春期になってから、ときには暴力的な反抗という形で親の抑圧を跳《は》ね返そうとする場合もあって、いずれにせよこうした形の「言うことをきく」子どもの姿は決して望ましいものではありません。

そう考えると、では、子どもに「言うことをきかせる」のはよくないのじゃない? とおびえそうになりますね。

きき分けのいい子はなぜ育つ?

でも、おびえることはありません。

お母さんの「言うことをきく」子どもを育てることは、正しい形で行なわれるのなら、決して悪いことではないからです。

たしかに、「しつけ」のやりかたを取り違えると、前述のように、しつけのつもりがただの「押さえつけ」になりかねません。子どもは表面的には親の「言うことをきく」のですが、心から納得してはいないからで、こんな場合の「しつけ」は「押しつけ」です。

ほんとうの意味で子どもが親の「言うことをきく」のは、子どもが親の言うことに納得し、結果としてそれが親への「信頼」につながる場合です。

ついこの間、NMSの受講生のひとりから、こんなうれしいお電話がありました。

「子どものお菓子はいつも行きつけのパン専門店で買っているのですが、この間、最初に寄ったスーパーで、息子(満二歳)がそこで目についたお菓子をとても欲しがったので、『いまこれを買ってしまうと、○○屋に行ったとき、あなたのお菓子は買えなくなるよ、それでいいのね』と言いました。そうしたら、それでいいと言うので買ってやったのです。ところがそのあとパン屋に寄ると、息子はいつも買うお菓子を見つけ、またまた『これ買って』と言い出したのです。

私は息子の目の高さまでしゃがんで『さっき約束したでしょう、スーパーでお菓子を買えば、ここではもう買わないって。だから今日はこれは買わないよ。これが欲しかったら、今度きたときに買おうね』と。そうしたら息子はすぐ『ウン、わかった』と納得したのです。

そうしたらそのとき、そばにいたお年寄りが『まぁー、いまどきこんなききわけのいい子、見たことがないですよ。どうしてこんなにふうに育てられたんですか』と話しかけてこられたのです。子どものききわけのよさは、私にとっては当然だったのですが、このときつくづく、NMSをやっていてよかったんだ！ と思いました」

たしかにこんなとき、ふつうのお母さんならどうするでしょうか。

「イヤーね、さっき買ったじゃないのー」とうるさそうに言う。子どもは「でもこれも欲しいよー、ね、いいでしょ。ひとつだけ、ねぇ」とねだるでしょう。そしてお母さんは「しょうがないわねぇ」とぶつぶつ言いながら、「たかがお菓子一個、ま、いいか」と買ってしまうことがほとんどではないでしょうか。

「しつけ」とは「ルールを守る」こと

しかし前者のお母さんは、子どもとの間に交わした約束を忘れずに、その約束を子どもにしっかり守らせたのです。そして、子どもは、そのお母さんを「正しい」と思ったのです。お母さんの言うことはもっともだと納得したのです。

この場合、お母さんは子どもに何も「押しつけ」てはいません。対等の人間として相手を扱い、ルールを守るように説得しただけなのです。

日本人はとかく「まだ子どもなんだから」と相手を子ども扱いしてしまうのですが、二歳の子でもちゃんと「道理の感覚」はそなえています。子どもに言葉が通じるようになったら、言葉で言ってきかせることは絶対に必要であり、また、その内容は誰でも納得できる正しいものでなければなりません。

子どもは「子どもだから」と言って、何もかもやりたい放題が許されるわけではありませんし、逆に「子どもだから」と言ってバカにされたり、無視されてよい存在でもありません。

どんなときに、子どもに何が許され、何が許されないかということは、家庭によって多少のばらつきがあるのは当然なのですが、いずれにせよ、それぞれの家庭で基本的に守るべきルールが定まっていることが大切です。

その場合、子どもに許されないことでも親には許されることがあるのは当然ですし、その一方で、親も「ウソをついてはいけない」など、人間として誰でもが守るべきルールを守るべきなのは当然のことでしょう。

子どもの親に対する信頼感は、そうした日常のなかで養われます。そうすれば子どもは言うことをきく子、しかも自発性に富んだ子どもとしてすくすく育っていくことでしょう。

それでも親が、日々の生活のなかで、どんな形で子どもに「イエス」と言い、どんなときに「ノー」と言うべきなのかは、なかなか難しい問題です。それは日本の社会がまだ真の意味で近代化しておらず、寝る場所ひとつでさえ母親が子どもに添い寝しているなど（西欧ではほとんどありません）、自立した個人を育てるべき子育てのノウハウが定着していないからです。そしてそうしたけじめのない子育てが、思春期の

「不登校」や「閉じこもり」の引き金になるおそれがあることを自覚しているお母さんはほとんどありません。

そして悲しいことに、そうしたけじめのない母子密着のなかで、「親の言うことをきかない」子はどんどん増えてきているのです。

第1章

赤ちゃん時代につくられる「言うことをきかない」子

育てやすい赤ちゃん・育てにくい赤ちゃん

子どもが親を選べないのと同じく、親も子どもを選ぶことはできません。快活な子、のんびりした子、気性の激しい子……どんな子を授かるかは運まかせです。でも、子どもがどんな子として育つかは、子育て次第です。逆に言うと、素直な性質をもって生まれてきても、駄々をこねてところかまわずひっくり返ってお母さんを悩ませるような子にもなる場合もありますし、かなり激しい気性をもつ子でも、うまく育てればお母さんを信頼し、素直に言うことをきく子として育つこともできるのです。

そんな子どもを育てるためには、何が必要なのでしょうか。

まず「生まれつき」の問題を考えてみましょう。

二〇〇四年一一月に、NMS受講生にアンケートをとってみたところ、「あなたのお子さんは育てやすい子どもですか。それともその反対ですか?」という問いに、「育てやすい」と答えたお母さんと、「育てにくい」と答えたお母さんの数は、ほぼ伯仲《はくちゅう》していました。

もっとも、「育てやすさ」は年齢によって変わります。

ではゼロ歳の時期、お母さんが「育てやすい」と感じる子はどんな子どもでしょうか。

◎「まだ生まれて二週間ですが、育てやすいほうかもしれません。おっぱいとおむつに満足しているときは、安らかに三時間ぐらいは眠っています。大きめに生まれた（三五五二グラム）こともあり、体がしっかりしていておっぱいもよく飲んでいます」（二週間）

◎「育てやすいほうだと思います。まだ六カ月ということもあるとは思いますが、夜もひとりで寝てくれましたし、ぐずって泣くこともあまりありません。きっとこれから始まるのかしら、と思っています」（六カ月）

◎「育てやすいと思うときが多いです。それほど泣かないし、母乳をよく飲むし、よく笑うからでしょうか」（四カ月）

お母さんが「育てやすい」と思う赤ちゃんのほとんどは、「おっぱいをよく飲む」「よく食べる」「よく寝る」「夜泣きをしない」「病気をしない」「あまりぐずらない」「泣いても理由がわかる」「よく笑う」「反応がいい」などでした。

昔から「寝る子は育つ」と言われたものですが、おっぱいをしっかり飲む子はたいていよく寝る子でもあり、そうして十分に睡眠をとれば目覚めたあとも機嫌がよく、お母さんにとっては「育てやすい」子ということになるのでしょう。

とくに夜泣きをしない子、泣いている理由がわかりやすい子、あまり長い間泣かないで機嫌をなおす子は「育てやすい」と思われています。

「育てにくい」と思われている赤ちゃんは、「育てやすい赤ちゃん」の正反対。夜中にたびたび目を覚ましておっぱいをチビチビ飲む、何かにつけて泣き始め、しかもいつまでもおさまらず長泣きする、ちょっとした物音にもビクッとして泣き始める、いつも何となく機嫌が悪い、おむつや服を取り替えようとするとエビぞりになって泣きわめくなど、いわば「カンが強い」と言われる赤ん坊で、「育てやすい子」にくらべ、こうした「育てにくい子」に当たったお母さんたちはほんとうに大変です。

こうした赤ちゃんの扱いにくさは、ゼロ歳から一歳、二歳になってもそれほど変わりません。

お母さんたちのレポートを引用してみましょう。

◎「生まれたときからとても神経質でした。おっぱいを飲まない、夜泣きはする、まとまって寝てくれない、食べないなど、何から何までこうさせようと思うことに逆らうのです」(二歳八カ月)

◎「ゼロ歳のころからともかく泣いてばかりで、寝ていてもドアのきしみや新聞を広げるときの音などでも起きてしまう。頭の回転は速いと思うが、そのせいか心配性で大人の顔色をうかがう。弟はまったく反対の性格です」(二歳一一カ月/弟一一カ月)

◎「下の子はとても神経質で、他の人に抱かれるだけで大泣き。自分が納得するまで泣きやみません」(九カ月)

同じ母親に育てられていても、子どもによって扱いやすさは大違い。しかし、この程度の「育てにくさ」はまだ序の口、次のような場合になると深刻です。

①「三〇分ごとに泣いて、おっぱいを要求します。ひとりで遊んでくれることはほとんどなく、起きているときは足もとにまつわりついています。体重測定な

どで行く病院も大きらいで、一五分の検査でも三時間泣き通し、病院で脳波をとって検査もしたのですが、異常ありませんでした。カンが強く、自分より強い子がそばを通っただけでキィーッと怒ります。なぜ不機嫌なのかわからないこともとても多いです。寝るときもふとんに置くとすぐ目を覚まして大泣き、おっぱいもなかなか離さず、ひどいときは一時間も吸いっぱなしです。抱っこは三時間続けたこともあります」(一歳一カ月)

②「目を覚ましたときのぐずり方がひどい。とくに昼寝から覚めたときは『抱っこ、抱っこ』と大泣きをする。また、眠いのに遊びつづけているとき、思いどおりに行かないことがあると大泣きになる」(二歳九カ月)

---

①の赤ちゃんは、もしかすると舌小帯の短縮など、肉体的な異常があって、十分にお乳が吸えない疑いがあります。②の子どもは、もうしっかりと「育てにくい子」になってしまっていますが、記録を見ると、どうやら甘やかしの結果と言えそうです。

育てにくい子が「言うことをきかなくなる」わけではない

でも心配には及びません。育てにくくてさんざん親を悩ませたのに、小学校に行くころには心身ともに健康な、自立した子どもになっているケースはいくらもあります。

逆に目につくのは、せっかく「育てやすい赤ちゃん」を授かったのに、育て方によって、いつの間にか「言うことをきかない」子として育ってしまうというケースです。

前ページの②の場合はそのケースで、これは純然たる体質の問題ばかりでなく、お母さんの子どもの扱い方で改善することができるのです。

ある団体に属し、子どもをもつ母親同士の集団のなかで子育てをしているお母さんがいました。彼女は同輩のお母さんたちの子育てを観察して、「せっかく育てやすい赤ちゃんを授かったのに、育て方が悪いためにどんどん〝言うことをきかない子〟にしてしまっている」と語っています。

ほんとうにその通りなのです。

現代の日本では、お乳をよく飲み、夜もよく寝て手のかからない赤ちゃんとして生まれてきた子が、どんどん駄々っ子になってくる――ということが多いのです。

子連れママたちが共同生活をしているこの団体で、このお母さんは、互いの子育てと、その結果とを比較することができたのでした。

お母さんたちは、「泣けば抱っこ」「泣けばおっぱい」の子育てをしていました。泣けば抱き上げる、おっぱいを含ませる、よちよち歩くようになるころ、ちょっとつまずいてころぶと、すぐ飛んでいって抱き上げてあやしてしまう……。

集団での保育は、きちんとした子育てのノウハウをもっている保育士さんが中心になっていれば、子どもにどんどん「生きる力」がつくのですが（すべての園がそうであるとは限りません。赤ちゃんが泣くと、すぐに抱っこしてしまう園もあるのです）、ひとりひとりの母親が自分の子どもをかばっているこの集団では、子どもはいつも母親とセットになっていて、ちょうど「公園育児」のような状況になっているのでした。そしてそこで横行していたのは、現在日本全体で横行している甘やかし子育てだったのです。

お母さんたちはいま、「お母さん、赤ちゃんはできるだけ抱いてあげましょうね」と、「抱っこ」のすすめをたっぷり注ぎ込まれています。「抱っこ」はそれ自体決して悪いことではありませんが、それが「泣きさえすれば抱いてもらえる」という意識を子どもに注ぎ込むことになると大変です。その結果、生後五カ月の間、子どもを「抱きっぱなし」で育てたお母さんさえありました。

こうして泣きさえすれば構ってもらえる子どもたちが、ガマンを知らない甘えっ子、駄々っ子になるのは当然の結果です。お母さんたちは子どもの「泣き」にいちいちつきあうことで、子どものわがままを助長していることに気がついていないのです。

「けじめ」のない甘やかしが「言うことをきかない」子をつくる

「泣く子と地頭には勝てぬ」という諺《ことわざ》さえあるように、日本人はとことん赤ちゃんの泣き声には弱い民族です。

赤ちゃんに言葉を使って言ってきかせることなど夢にも思わない大人たちは、赤ちゃんが泣けば、けじめなくおっぱいを含ませ、甘いものを口のなかに入れてやり、ほいほい抱き上げてあやしたりすることしか思いつきません。起きたり寝たりする時間も含めて、赤ちゃんにけじめのある生活をさせようと考えている母親もほとんどありません。

こうして甘やかしのなかでゼロ歳を過ごした赤ちゃんたちは、自分たちは家庭の王様・女王様だと思い込んで育ってしまいます。そしてこうなると、彼らはことにつけ、おりにふれてよく「泣く子」になってしまうのです（一九九八年、一一二五人のお母さんに対して行なったNMSの調査結果でも、親の育て方と子どもの「泣き」の相関性は明らかでした）。

こうして子どもが「言うことをきかない」姿勢は、ゼロ歳のときに刷り込まれ、一歳を過ぎて彼らの行動が活発になるころ、はっきり目に見えるものになってきます。

それまでは寝ていることの多い、体も小さくまだまだ「可愛《かわい》らしかった」赤ちゃん。自由に歩き回ったり、ものを壊したりする力のなかった赤ちゃん。

ところが彼らはあっという間に赤ちゃんではなくなります。行動の自由を獲得し、だんだん「言うことをきかない」幼児に変身していきます。

こうしてお母さんの「変貌《へんぼう》」の時期がやってきます。あるお母さんはガミガミママに、他のお母さんは言いなりママに……。

子育てはほんとうは大変ではない

子どもが生まれる前、子育てがどんなものか、想像できる女性はほとんどありません。ＮＭＳはひとりひとりの受講生に、「あなたは子どもを産む前、これから自分の生活がどんなふうに変わるか予想していましたか？」と質問することにしています。そしてこの問いに「予想通りでした」と答えたお母さんはほとんどなく、答えの大半は「(子育てが)こんなに大変なものだとは予想していなかった」というものでした。

しかし、実は子育てとは、そんなに大変なものではないのです。

残念なことに日本の母親の大半は、ゼロ歳のときにきちんと育てていれば、その後の子育てがどんなにラクなものになるかを知らないのです。ＮＭＳの受講生も、子どもが二、三歳になって言うことをきかなくなってから、講座を受ける方がほとんどなのは残念でたまりません。

そんななかで、嬉《うれ》しいことにたったひとり、滋賀県から次のような嬉しいお便りをくださった方がありました。

この方はご自分の母親から、ＮＭＳとまったく同じ子育てをされて育ち、自分の赤ちゃんにも同じ子育てをしてきた方でした。そして『ちゃんと「がまん」のできる子に』（PHP研究所）をはじめ、私の著書を読んだとき、ご自分の母親から伝えられたのと同じ子育て法が書いてあったことに感激してお手紙をくださったのです。

ご本人のご承諾を得て、ここにその内容を引用します。

「（前略）私は、長女が生後一カ月のころより、ひとりで寝る事、けじめのある授乳（後は食事）、ひとり遊びのできる子になる事の三つを実践してきました。何度も何度もじっくりと語りかけて、叱《しか》るのではなく、言いきかせて育児をしてきました。

その結果、ひとりで寝るのは、生後三カ月では俗に言う『寝かしつけ』が全くいらず、『おやすみなさい。ネンネよ』と言うとひとりで眠るようになりました。

授乳に関しては、遊び飲みやダラダラ飲みが始まったころに、『もういらないのね、じゃ、また後からにしましょう』と言って、おなかをすかせてから授乳するようにしました。（中略）

そんな私の育児方法は、姑《しゅうとめ》に言わせると『かわいそう』であったり、『まだ小さい子にそんな事言っても』と反論されたり、最初は苦労しましたが、いまでは結果が目に見えて違うので、少しずつわかってくれるようになりました。（中略）

私は周囲の人々から、「一〇カ月の赤ちゃんがいるように見えない」とよく言われます。皆に「赤ちゃんがいて大変でしょ？」とよく言われますが、この三つの原則さえ守っていれば、赤ちゃんは多少手のかかる同居人の範囲を越えません。（後略）」

（滋賀県　O・Aさん）

NMSを始めてからもう八年になりますが、私はいままでこんな嬉しいお手紙をいただいたことはありません。しかしその一方、日本国中に、こうした子育てを知らず、ゼロ歳での「手のかけ放題育児」の結果、「言うことをきかない」子に悩まされるようになるお母さんが増えていく現実に、暗たんとする思いをかみしめます。

生まれたときからこんな形で育てていれば、子育てはどんなにラクになるかしれないのに、育て方の違いのために、言うことをきかない子に手を焼いているお母さん、わが子に対して始終イライラしているお母さんが、ほんとうにかわいそうでなりません。

「頭にくる」のはどんなとき？

NMSでは受講に際し、二九項目にわたる詳細なアンケート調査を行なっています。

ここで、お母さんたちがどんなとき、子どものどんな振舞いに「頭にきているか」という質問に対する答えをまとめてみます。

子どもが赤ちゃんのときは、眠っているか、抱かれているか、おっぱいを飲んでいるかのいずれかですから、最初のうち母親が「頭にくる」場面もそれほど多くはありません。この時期ただひとつ、母親を悩ませるのは子どもが「泣く」ということです。

「赤ん坊は泣くのが仕事」と言われるように、赤ちゃんが「泣く」のはいわば当然、おなかがすいたとき、おむつが濡《ぬ》れたとき、眠いとき、赤ちゃんは泣き始め、そしてたいていの場合、それぞれの欲求がかなえられれば「泣き」は収まります。

ところがたくさんのデータを集めてみて、すべての欲求が満たされているのに「泣く」子がいるものだ、ということがわかったのです。

その第一は、執拗《しつよう》な「ぐずり泣き」です。理由もなく、意味もなくぐずる赤ん坊というものがいるということがわかってきました。

起きている間、ほとんど休むヒマなく泣き続けている赤ちゃんさえありました。絶えず、ほんとうに絶えず、「エーン、エーン」とか細い声で泣き続けているのです。おなかがすいているわけでも、どこかが痛いわけでもありません。お医者さまにも原因がわからない。抱き上げても、あやしても何の効果もなく、絶えず泣き続けているのです。もしかすると痒《かゆ》いのかも、とほうぼうさすってみてもだめ。

お母さんが何か世話をしようとするたびに言うことをきかず、抵抗して泣き叫ぶ赤ちゃんもいます。おむつを替えようとすると泣き叫ぶ。抱っこしてベビーカーに乗せるときもエビぞりになって泣き叫ぶ。ともかく母親が何かをしようとするたびに、すさまじく泣いて抵抗する。それも神経につき刺さるような大きな泣き声なので、母親は頭にきてしまいます。

赤ちゃんの「夜泣き」も、母親を悩ませるもののひとつです。母乳育児で、昼間もことあるごとにおっぱいを含ませている場合、赤ちゃんが夜中にちょくちょく目を覚ましておっぱいを要求する回数は増えてきます。しかしこの場合には母親はめったに「頭にきたり」はしません。それというのも、それが赤ちゃんの当然の要求だと思っているからです。

生後四、五カ月も経《た》てば、一一時ごろに最後の授乳をすれば朝の五時ぐらいまで眠る赤ちゃんの睡眠パターンができるはずなのですが、昼間のけじめのない授乳と、「添い寝」「添い乳」が習慣化した赤ちゃんは、夜中に目が覚める回数が非常に多く、かわいそうな母親は、ますます疲れはてていくのです。

それでもゼロ歳のとき、「頭にくる」お母さんはそれほどいません。「赤ちゃんなんて、こんなもの」と思い込んでいるし、赤ちゃんがまだそれほど動きまわらないので、まだまだ親のガマンがきくからです。

一歳から二歳へ――はっきりした反抗

ところが満一歳を過ぎると、子どもの行動範囲はぐっとひろがり、行動も活発になってきます。自己主張もはっきりしてきて、これまでのただ可愛《かわい》いだけの赤ちゃんから一転して、「いたずらっ子」になり始めます。

この時期、母親が「頭にくる」内容もどんどん増えてきます。

「ひとり遊びができない」「遊び食べをする」「食べ物を吐く」「食べ物や食器・おもちゃなどを投げる」「せっかくつくった食事を食べない」「好き嫌いがある」「噛《か》みつく」「たたく」「つねる」「髪の毛をひっぱる」「勝手にテレビのスイッチを入れる」「寝ない」「注意しても何度もくり返す」「机の上のものを全部下へ落とす」などなど、寄せられる声は千差万別ですが、食べ物に関するトラブルがもっとも多く、その他の行動も当然のことながら、だんだん手がこんできます。

この頃から本格的に、赤ちゃんは言うことをきかなくなっていきます。

①「物を投げる。してはいけないと注意すると、もっと力を入れて投げつける」(満一歳)
②「食べ物を投げ捨てる。私が食べさせている反対側の手で下に落としたりする」(一歳二カ月)
③「気に入らないことがあるとたたいてくる。私の目を見て、はじめは軽く、だんだん強くたたいてくる」(一歳一一カ月)

その他、「台所にきて、ガス台に触る」「本棚から絵本を出して散らかす」「すぐにかんしゃくを起こす」「急いでいるときに歩かず、ひっくり返って泣き叫ぶ」などなど、お母さんが「頭にくる」場面はどんどん増えてきます。

③の子がすでにはっきりした意識をもって、母親が自分の振舞いをどこまで許してくれるか——ということを見定めようとしているのには驚きます。そしてこうしたときに対応を誤ると、子どもは「何度言っても言うことをきかない」状態になってしまうのです。

実はこの年齢こそ、その後の子どもの心の土台をつくりあげるもっとも重要な「しつけ」の時期なのですが、たいていの母親はそのことを知らないまま、単純に「頭にきて」います。そのなかから本格的な「暴力ママ」が生まれてくるのは、ほんとうにかわいそうと言うよりほかありません。

二歳児——なんでもイヤイヤ

こんな形で二歳前後から、子どもが「言うことをきかない」度合いはますます募ってきます。「寝転んで反抗する」「母親をぶつ」「他の子をたたく」「気に入らないと大泣きする」など、自分の意を通そうとして激しく反抗する子に手を焼いているお母さんの悲鳴が、相談手紙の行間から立ちのぼってきます。

「ダメ」を連発したり、気に入らないことがあればキーキー声をあげたり、スーパーでも道路でも、ところ嫌わず寝転んだりする——こうしてお母さんが「頭にくる」場面はどんどん増えていきます。

◎「『やりたい』『やりたくない』といった相反する主張を繰り返し、大泣きする」

（二歳六カ月）

◎「何か言うとすぐ『やだ』と反抗し、ひたすらマイペースで生活する。口のなかに長時間入れていてボロボロになった食べ物を部屋のなかに吐き出す」（二歳九カ月）

◎「抱っこしてもらえないと、公園やスーパーでも地面や床にゴロゴロ寝る」（二歳六カ月）

こんな形の子どものわがままに対して、ある種のお母さんは負けず劣らずヒステリックな対応をするようになり、そのなかから「暴力ママ」に変化する母親も出現してきます。

そのうえ、母親のわずかばかりのしつけさえ、祖父母がぶちこわしてしまう場合が少なくありません。

◎「いけないことを注意したとき大泣きされる。大泣きされると、二階から義母が飛んでくるのでイライラする」（二歳六カ月）

母親はやりきれない思いでいるのですが、子どもは子どもで自分を甘やかしてくれる祖父母の存在を心得ていて、叱られると祖父母の部屋に逃げていったり、お菓子やおもちゃをねだったりします。こうした場面で「頭にくる」母親がますます増えるのは当然のことでしょう。

三歳を過ぎると

この時期になると、もう大人なみ？　の行動をとれるので、母親が「頭にくる」ことの内容も複雑になってきます。

◎「言い出したら強情を張ってゆずらない」（三歳一〇カ月）
◎「母親を甘く見ている言動をする。信頼されていない感じ」（三歳）
◎「何度言ってもきかない。注意すると『バカ』と言う」（四歳）
◎「一日中、あれして、これして、と召使いのように親をこき使い、気に入らなけ

れば泣く。そのくせ口答えは一人前で腹が立つ。母親の言うことには何でも「いや！」で返事する」（四歳三カ月）

「三つ子の魂百まで」がこんなことではたまらぬ、と思うような内容が並んでいます。ゼロ歳のときは、何をしても泣きやまない赤ちゃんを前に、母親は途方にくれこそすれ、感情的に「頭にくる」場面はありませんでした。しかしこの時期になると、子どもの「自我」は確実に母親と対等のレベルになって、母親は本気で「頭にきて」しまうのです。

赤ちゃんの自我がはっきり目覚める時期になると、欲求も増え、動きも活発になって、どんな赤ちゃんでも母親を手こずらせる場面が増えてきます。生活のなかにどんな「危険」があるか、子ども自身にはまったくわからない時期ですから、動いている扇風機に手をつっこもうとしてみたり、壁のコンセントに異様に興味をもったり、どんな性格の赤ちゃんでもお母さんをハラハラさせる場面が増えてくるのです。

ところがこういうとき、必要以上に我を張って母親を手こずらせる子どもは、実はゼロ歳でのけじめのない甘やかしの結果であることが多いのです。

前ページに紹介したように、母親を甘く見ている言動をしたり、注意すると「バカ」と言ったり、あれして、これして、と召使いのように親をこき使ったりするのは、「反抗期」のせいではなく、それまですでにお母さんをバカにするくせがついているからで、それは完全にそれまでの子育ての結果なのです。

赤ちゃんをバカにしてはいけません。「赤ちゃんは何でも知っている」というのは本当です。ゼロ歳の赤ちゃんでもちゃんと、「この人は泣けば自分の思い通りになる」ということをわきまえてしまうのです。ゼロ歳のときに刷り込まれた「親を甘く見る気持ち」をその後矯正するのはなかなか難しく、だからこそゼロ歳の赤ちゃんを甘やかしてはいけないのです。

赤ちゃんはできるだけ愛してあげてください。でも、甘やかさないでください。

憎まれざかりの幼児たち

さて二歳半を過ぎると、言葉で意思表示ができるようになり、これまで多かった「噛みつき」「引っかき」「たたく」などが減ってくるのですが、そのかわり、口が達者になって結構憎らしい口答えをするようにもなってきます。

「七つ八つは憎まれざかり」という言葉がありますが、知能の発達とともに、子どもが小憎らしい口をきくようになるのは昔もいまも同じこと。しかし昔は七つ八つ

（満年齢なら六歳前後）だった「憎まれざかり」が、いまでは四、五歳まで下りてきています。そしてお母さんは頭にきてしまいます。

◎「母親と他の人とでは態度を変える」（四歳）
◎「叱ると、『んー』と吠《ほ》えるような声を出す」（五歳二カ月）
◎「人前で調子に乗ってわがままを言う。挨拶《あいさつ》をしようとしない」（五歳四カ月）

こういう形で子どもが「言うことをきかない」まま固まってしまった親子関係を是正するのは容易なことではありません。さらにこの時期には、下の子が生まれてくることが多く、そのために母親のガミガミもひときわボルテージが上がります。

子どものほうにはそれなりの理由があるのです。それまで家庭の王様・女王様として育てられてきた上の子が、下の子の出現で自分の座が奪われてショックを受けるのは当然のこと。そこで赤ちゃん返りでお母さんを手こずらせたり、下の子をいじめたりしてお母さんを悩ませるのは、いわば自然の成り行きなのです。しかも、とかくお母さんが忙しい夕食の支度の最中などにごねることが多く、お母さんは完全に頭にきてしまいます。

◎「いつもと違う激しい泣き声がしたので行ってみると、兄が弟の赤ちゃんのおなかの上にまたがっていた」(兄三歳四カ月／弟五カ月)

◎「絶えずきょうだいげんかが起こるので気の休まるヒマがありません。二人だけにしておくとすごい騒ぎになるのです。たいてい弟が姉のおもちゃに手を出して、それを取り返すために姉が弟をつき飛ばしたり、たたいたりするのです」(姉三歳九カ月／弟八カ月)

お母さんのガミガミが子どもをダメにする、とはよく言われることですが、母親も好きでガミガミ怒鳴りまくっているわけではありません。ただ、それまでの子育てがこういう結果を招いてしまったということに気づかず、また、どうしたらその現状を改善できるかもわからないのです。

そうは言っても、お母さんたちはやはり子どもを愛しています。いつもガミガミ怒鳴りまくっているわけではありません。おりにふれてはわが子を「可愛い！」と感じる親心は、いつの時代も変わりません。

ここで現代の母親たちは、どんな形で、どんなときに子どもを「可愛い」と感じているかを見てみたいと思います。

ほとんどのお母さんは子どもを「可愛い」と思っている

NMSのアンケート項目、「子どもを可愛いとお感じになりますか」に肯定的に答えた人は実に受講生の一〇〇％で、「可愛いと思えない」という答えが戻ってきたケースはありませんでした。NMSの受講生は、問題があればこそ入会なさるわけですから、「可愛いと思えない」と答える人がかなりいるのではないか、と危惧《きぐ》していたのですが、その予想は見事にくつがえされました。

「子どもは可愛い」。これこそお母さんの本心なのだと痛感せずにはいられません。

しかし「とくにどんなときそう思うのか、書いてみてください」という質問に対してのレポートを読むと、ウーン、と唸《うな》りたくなりました。「子どもが寝ているとき」という答えがあまりにも多かったからです。

子どもは可愛いけれど、何しろ手に負えないので昼間は怒鳴りっぱなし、だから子どもが起きて活動している間は「可愛い」と感じるヒマがない。ぐっすり眠っているその可愛い顔を見るとき、ようやくいとしさがこみ上げてくる……これがお母さんのホンネだったのです。

ところが不思議なことにこの答えは、九〇年代の終わりのころに多く、二一世紀になってこの二、三年は少しずつ減ってきています。それだけ昼間、子育てに苦労しているお母さんが減ってきている、と言ってもよさそうなのですが、子どもの手に負えなさはレポートを見ると以前と少しも変わっていません。

統計的に見ると、子どもの就寝時間は年々遅くなっていて、それは子どもを一定の時間に寝かせなくては、と思うお母さんのしつけがおろそかになってきているひとつの証拠です。幼児がいつまでも起きていてテレビを見ている——どうやらそんなけじめのなさを子どもに許してはいけないと考える母親が減ってきているのではないでしょうか。

要するに「ガミガミママ」が減って「言いなりママ」が増えている——統計はその現実を表しているのだと思います。

こうして甘やかされた子どものなかから、「言うことをきかない」子が数多く育ってくるのは当然のことでしょう。

赤ちゃんの可愛さ

では、母親がどんなときに子どもを「可愛い」と思うのか、具体的なレポートを引用してみましょう。

◎「おなかがすいているときの慌てておっぱいに吸いつく様子や、飲んでいるときの表情。目覚めたときに伸びをする様子」（二週間）
◎「いまにも泣きだしそうに、顔を『うっ』とゆがめたとき」（二カ月）
◎「あやすと笑うようになったので、その笑顔を見たとき」（三カ月）
◎「自分を必要としてくれるのが、可愛くて可愛くてたまらない。笑ったときとくに」（四カ月）

自分以外に何もたよるもののない無力な存在。これらの発言は、ゼロ歳の赤ちゃんの可愛さが、母親の心に根を下ろすプロセスを表しています。つきっきりで、わが子の一挙手一投足を見つめている母親は、「私がいなければこの子は生きていけないのだ」と感じ、生まれてはじめて真に自分が必要とされている、という満足感にひたるのです。

子どもを産んで、「可愛い、可愛い」と連発していたあるお母さんは、自分の母親から、「私があなたを産んだときは、可愛いなんて感じるヒマはなかった。食べさせて、着させて、ともかく健康に育てることだけで精一杯だった」と言われました。家事労働が現在よりはるかに苛酷《かこく》だった時代には、母親は赤ちゃんの顔を見つめるヒマもなかったのです。

さて行動が活発になり、カタコトも出る時期になると、母親が感じる子どもの可愛さも、より具体的になってきます。

◎「私がつくった離乳食をおいしそうにパクパク食べているとき。食べるのが大好きで、食事になると自分の赤い椅子《いす》を運んでこようと手で押してくるとき」（一歳三カ月）

◎「泣いていても抱いてやると落ち着いて泣きやむとき。気持ちよさそうに寝ている顔を見るとき。保育園や児童館に連れていくと、積極的に見知らぬ子に近づいてコミュニケーションをとろうとしているとき」（一歳二カ月）

◎「手をつないだり、頬《ほお》ずりをするとき。何かを話しかけてくるとき（まだ何を言

っているのかはわかりませんが)。私を頼りにしてくれているんだなぁと、とても可愛い」(一歳六カ月)
◎「公園などで、ハトや犬などを見て喜んでいるとき。朝起きたとき、『ママ』と言って笑顔を見せてくれるとき」(一歳七カ月)
◎「よいことをしたと思って、満面の笑みを浮かべて走ってくるとき。他の人に懐かず、私にしがみついてくるとき。遊びについていって楽しそうにしているとき」(一歳一〇カ月)

こうしたレポートを見ると、母親の感じる子どもの「可愛さ」にも二通りあることがわかります。ひとつは子どもの振舞いが、その愛らしさ自身で母親の心をとらえる場合で、それは子どものあどけない寝顔をしみじみ「可愛い」と感じるすべての母親の気持ちに共通しています。

それは子どもの生命そのもののもつ愛らしさで、鬼のような心をもつ人間でもない限り、大人たちは、その愛らしさに抵抗できません。

ところがもうひとつの「可愛さ」は、子ども自身の可愛さというよりは、愛らしい無力な幼い者が、自分だけを頼りにしてくれる姿に感じる「嬉しさ」から生じています。そこにあるのは、「自分がいなくては、この幼い者は生きていけないんだ。自分がいればこそ、この子は生きていけるんだ」と感じる母親としての誇りと使命感、自尊心の満足です。

子どもを産んだ女性が、子どもの世話に振り回されて「たいへん、たいへん」と言いながら、やはり子どもを産んだ充実感を感じているのは、多分にこの嬉しさから来ています。そのとき、ほんとうの意味で母親は「生きがい」を感じていると言ってよいのでしょう。

母であることの喜び

二〇〇四年四月一日付けの毎日新聞の「女の気持ち」欄への次の投稿（「赤ちゃんを産んで」）は、母であることの喜びを、実に的確に表現しています。

「出産するかどうかで悩んでいる方がいたら、聞いてもらいたいことがあります。

私は物心ついたころから、ずっと自分に自信がもてませんでした。豊かな家庭で、しかも十分かわいがってくれる両親の元に育ちながら、どうしても自分自身を受け入れられませんでした。(……)

しかし、29歳で長男を出産した時、初めて自分自身を許し、認めることが出来ました。なぜなら、生まれたばかりの何も出来ないわが子を抱いた時、これまでにない満たされた思いを感じたからです。生まれてきてくれただけで、私は感謝の気持ちでいっぱいでした。(……)

だから親になる自信がないと、出産をためらう女性にこそ、母親になってほしいのです。自分のような人間が子どもを育てられるだろうかと、心配する男性にこそ、お父さんになってほしいのです。(……)」

(さいたま市 匿名希望 講師・38歳)

この投稿を読んで、ああ私もそうだった、と感じる女性はとても多いのではないでしょうか。

母親が赤ちゃんを愛するのは、赤ちゃんがほんとうに愛らしく、その生命の輝きで大人を魅了するからばかりではありません。

赤ちゃんはその無力さで、母となった女性に生まれて初めて、自分という存在がほんとうに必要とされる嬉しさを感じさせているからです。

思えば人間に、それ以上大きな「生きがい」が与えられる時がいったいいつあるでしょうか。子どもを産んだ女性が「疲れる、疲れる」と言いながら、それまでの彼女にはなかった充実と落ち着きを見せるのはそのせいです。

お産のつらさに耐えて女たちがひとりまたひとりと子どもを産むのは、やはりそこに最大の理由があるからだと思います。

しかしこの「生きがい感覚」には危険な落とし穴が仕掛けられていることを知ってほしいとも思うのです。それは知らず知らずのうちにそこに「この子は私のもの」という気持ちが入り込んでくるからで、よくも悪くも母親とはそういうもの、こうした母親の気持ちは、昔もいまも変わらないものだと思います。

この感覚は半世紀以上前、生活が貧しく、きょうだいが多く、子どもが地域の子どもの群れのなかで育っていたときはプラスに働いていました。

ところが母親が「母子カプセル」のなかに子どもとともに閉じこもっているいま、こうした母の「愛」が、マイナス要素となって子どもに働きかける場面が増えてきました。

母の愛はもともと子どもを「保護」する形で働くために、子どもに社会的な「生きる力」をつけるためには不向きです。その母親ひとりが子育てをしょい込んでいるために、子育てのあり方が偏ってきてしまいます。子どもが健康に育つためには父親も、祖父母も、近所の大人も、子ども集団も必要だというのに、生後三年間、お母さんひとりの背にその重荷がのしかかっているのです。

「愛」と「けじめ」を教えるために

この状況のなかから、四、五歳のころから、何をするにもいちいち「ママ、これしていい？」と母親にうかがいを立てたり、あるいは逆に母親をバカにして言うことをきかなくなったりする子が育ってきます。

この時期こそ、それまでの子育ての結果が目に見えるものとなる最初の段階なのですが、そうした子どもの状況が何を意味するものなのか、この時期にはっきり認識できる大人はめったにありません。前者については「おとなしくてよく言うことをきく子」

ぐらいにしか思っていませんし、後者は後者で「腕白《わんぱく》でもいい、元気に育ってほしい」と、一般には大目に見られています。しかし元気いっぱい、天真爛漫《てんしんらんまん》の腕白と、母親をバカにし、ひいては大人をないがしろにする子どもとはまったく質の違う存在です。

しかし、もしもこの時期に、賢いお母さんが「これではまずいんじゃないか」と気がついたとしても、ゼロ歳でオギャアと生まれて以来二、三年の間に刷り込まれてしまった子どもの傾向を、それから軌道修正をするのは容易なことではありません。

ですから何より必要なことは、そうした状況をつくり出さないよう、生まれたその日から子どもの心に「お母さんは自分を心から愛してくれる」という信頼感と同時に、「自分には何でも許されているわけではないんだ」という自律の心を育てることなのです。

これからの数章で、実際にどうしたらそうした子どもを育てることができるかを、具体的にお話ししていきたいと思います。

第2章

「しつけ」につまずくとき

ひとりで寝られない幼児たち

若いお母さんは、子どもの「寝かしつけ」に実に多くの時間を割いています。それは「添い寝」、ときには「添い乳」で寝かしつけるくせがついているからです。そして気がついたとき、この習慣から抜け出すことができなくなっている場合が少なくありません。

赤ちゃんがゼロ歳のころ、「添い寝」がやがて手のかかる、面倒な習慣に転化していくという事実を意識しているお母さんはほとんどありません。それというのもこの時期には、「添い寝」の欠点がはっきり目に見えるものにならないからです。NMSの子育てはほんとうにいいと思う、だけど「添い寝」がいけないという主張だけはどうも納得できない——というお母さんも少なくありません。

「添い寝」は夜の間中続く「母子密着」のひとつの形態です。

添い寝をしないと、母と子の間に愛のつながりができないのではないかと不安な方は、きょうだいが五人も六人もいて、ひとりの子が夜の間、母親を独占して寝ることなど、物理的に不可能であった時代のことを考えてくださればよいと思います。

一日中子どもと一緒にいる母親が（子どもが三歳以下の場合、八〇％前後の日本の女性は専業母親です）、夜も「添い寝」をすることは母子密着の度をますます強めてしまいます。その結果、日本の子どもたちは、とかく「言うことをきかない」子になってしまうのです。

どうしてそんなことが言えるのでしょうか。

最初はわからない「添い寝」のマイナス

ＮＭＳでは若いお母さんに、「わが子の振舞いが『頭にくる』のはどんなとき？」というアンケートを何度も試みていますが、「添い寝」そのものについて「頭にくる」という答えはまったくありません。「添い寝」は子どもの要求によって行なわれるのではなく、むしろ母親の自発的選択の結果として行なわれる場合が大半だからです。

子どもが新生児の間は、「添い寝」を実行するお母さんはほとんどありません。最近では多くの母親は病院で分娩《ぶんべん》しますが、新生児は母親と同じベッドで寝かされず、退院してからも、「添い寝」をしている母親はそれほど多くはありません。赤ちゃんがあまりにも弱々しく、小さくて、そばに寝かせているとつぶしてしまいそうで怖いからです。

ところが三、四カ月になって、赤ちゃんの首がすわって来るころ、「添い寝」をするお母さんが増えてきます。夜中に子どもがふとんをはいだときにはすぐにかけてやることもできる、おむつを替えるのも便利、そして何より――とくに母乳育児の場合――子どもが泣いたとき、寝たままでおっぱいを含ませることができて便利だからです。「添い寝」は一見いいことずくめに見えるのです。

三〇年ほど前には、それでもまだ、子どもは親とは別のふとんで寝かせなければ――と思う母親はかなりありました。しかしその数は年々減り、いまではほとんどの母親が当然のこととして「添い寝」をしています。そして子どもが「赤ちゃん」でいる間は、「添い寝」の弊害はまだまだ目に見えるものとはなりません。

年とともに増幅する「添い寝」のつらさ

「添い寝」のマイナスが明らかになるのは、子どもが一歳から二歳になり、立ったり歩いたりの行動の自由を獲得し、それにともなって自己主張がはっきりしてくる時期になってからです。

この時期、子どもは「添い寝」という母子密着の形がすっかり身についてしまい、寝ている間、母親が自分のそばにいるのが当然だと思い込むようになっています。そして子どもが目ざといたちだと、ちょっと目を覚ましたとき、母親がそばにいないと泣き出すようになってきます。

もっとも困るのは、第二子が生まれるときです。このころになってお母さんは、第一子をひとりで寝るようにしつけようとするのですが、もちろんうまくいきません。「自分のもの」と思い込んでいた母親が、新しく生まれた赤ちゃんにかかりきっている——その状況のなかでこれまで母親と密着して寝ていた長子が、添い寝をやめることなどは至難のわざです。

添い寝の間についた妙なくせに悩まされているお母さんもあります。

母親の耳たぶにさわっていないと落ち着かない子。お母さんの二の腕の柔らかいところをしゃぶらないと寝つけない子……。

このころから、それまでむしろ自分が望んでいた「添い寝」を、どうしたらやめることができるのかということが、お母さんの痛切な関心事になってきます。

◎「現在、私の横に子ども用ふとんを用意しているのですが、ほとんどそれに寝てくれず、私のふとんにもぐり込んで寝てしまいます。○○マンの枕《まくら》や△△ちゃんの毛布などを用意してやり、子どもも喜んでいたのですが、いざ寝るときになると『ママのところがいい！』と私の枕を占領してしまいます。添い寝が習慣化されてしまったのがいけないのでしょうね」（二歳二カ月）

◎「夜間何回も目を覚まして泣きます。そのたびに抱っこして背中をトントンたたいたりしてあげれば泣きやみますが、添い寝はやめられません。満二歳近いのに、何度も何度も夜起こされるのでへとへとになっています」（一歳八カ月）

◎「寝かしつけや寝起きは、私がいないとダメです。よっぽど眠いときは別ですが、就眠時間になっての寝かしつけは私がいないとダメ。私以外の人がやっても、全然寝ようとしてくれません。いままで添い寝をしていたので、急にやめるわけにもいかず、いまだに添い寝をしていますが、いずれやめる方向にもっていきたいと思っています。スムーズに添い寝がやめられ、ひとり寝ができる方法があれば教えてください」（二歳一カ月）

「添い寝がやめられない」という相談は、子どもが大泣きしたり、暴れたり噛みつい たりして「言うことをきかない」という場合とは違うので、お母さんたち自身、それ が「言うことをきかない」ひとつのケースとは気づいていません。

しかし、実は「添い寝」は母親の夜の時間を大きく束縛することで、子育てをいや がうえにつらいものにするばかりか、子どもに「ママは自分だけのもの」「何でも自分 の言うことをきいてくれる人」と思い込ませている点で、子どものわがままを増幅さ せる大きなマイナスを含んでいるのです。

「添い寝」をやめてみると、それまで「添い寝」など大したことではないように思っていたお母さんからも、「夜の時間が何と長く、自由に使えることでしょう」とか、「子育てがぐっとラクになりました」と異口同音の驚きの声が寄せられます。

それは子どもの側でも同じことです。いつもいつも一緒だったお母さんから離れる――「ひとり寝をする」ようになると、母子関係が「ふっきれて」、他のしつけも急に受け入れやすくなることが少なくありません。

「一点突破・全面展開」という言葉がありますが、ひとつの場面で子どものわがままを抑制することができると、他の場面でも子育てはぐっとラクになるのです。とくに「寝る」というもっとも基本的な日常生活のなかで「密着」から解放されるということは、子どもが自立への一歩を踏み出す大きなきっかけとなり、とりもちのようにくっついていた母子の間にさわやかな風が吹き抜けるようになってきます。

「添い寝」をやめる方法

すんなり「添い寝」をやめるためには、子どもの誕生日や新しい子ども部屋を与えるなど、何かひとつの節目をきっかけにして「いつまでも赤ちゃんみたいでおかしいよね。お誕生日がきたらやめようね」と、子どもの自尊心を刺激してやめるように説得するのがいい方法です。

そういう説得でうまくいくこともありますが、子どもが母親をとことん自分のもの——と思いこんでいる場合、親子の間に大闘争が起こります。

子どもは泣いて抵抗します。泣かない場合も、ふとんを抜け出して、何度も何度もお母さんのところにやってきます。べそをかいたり、反対にニヤニヤ笑ったり、「寒い」とか「暑い」とか、「のどが渇いた」と言ったり、「眠くないよぅ」とぐずったり……。そしてこれまで子どもと密着していた母親は、そうした子どもの様子にすぐ負けてしまいます。

こうして、「子どもの欲求は何でも受け入れてあげないとトラウマになって残ります」というような周囲の声も手伝って、せっかく思い立った「添い寝廃止」を放棄してしまうお母さんは少なくありません。「しつけなおし」にも数々ありますが、「添い寝」の中止は、もっとも成功しにくいもののひとつです。

何と三カ月間、毎晩起きだして母親のところにやって来る子どもを根気よく寝床にもどし続け、ようやくひとり寝ができるようになったケースもありました。一度、やってきた子どもがころんで顔にけがをするというハプニングまであり、危うくくじけそうになったのですが、ここでくじけたらこれまでの苦心が水の泡――と頑張ったお母さんは、ほんとうに偉い人でした。

しかし、いまや「添い寝」は年々増え、ほとんど日本全国の子育ての習慣になっています。核家族の孤独な子育てのなかで、昼も夜も子どもと密着している母親のつらさを増幅する「添い寝」――実はそこには、子どもという存在を自分から離れられないものにしてしまいたいという、母親の無意識が潜んでいるだけに、是正が難しいのです。

とくに夫との仲がよくないとき、あるいは夫が深夜にならないと帰宅できないとき、孤独な核家族の生活のなかで「添い寝」がはびこってしまうのは無理もありません。

「添い寝」をやめるには大きな覚悟がいる

「来年の四月から復職する予定なので、お正月にはぜひ、下の子にも『ひとり寝』のくせをつけたいと思っています。上の子と一緒に『おやすみ』と言って寝かせたいのですが、いままで添い寝をしていたのに、いきなり『おやすみ』と言ってひとりで寝かせるのは納得してくれない気がします。いまからすこしずつ練習して、そのときになったら決行するというのでよいのでしょうか」（九カ月）

このお母さんはフルタイムで働く女性ですが、一年の育児休暇をとってひとりで子どもを育てている間に、寝ながらおっぱいをやったり、チビチビ飲みをさせたりして、すっかり密着育児になってしまいました。

すべての赤ちゃんは新生児のときにはひとりで寝ていたのですから、そのままそれを続けていれば、ひとりで寝るということは当然となって、寝かしつけに苦労することにはなりません。しかし「スキンシップ」の過度の強調のおかげで「添い寝」が礼賛され、子育てが不必要に時間と手間のかかるものになってしまうのです。

しかし、このご相談のお手紙程度の決意では、まだまだ「添い寝」をなくすことはできません。

ともかく子どもの反抗がすごいからです。

子どもも必死です。生まれたときから当然のこととして行なわれていれば、すんなりと身についたはずのひとり寝を、それまでの「添い寝」の日常から一転して「ひとり寝」を強制されるのですから、必死に泣き叫んで親を求めるのは無理もありません。

「添い寝」をやめるということは、おおげさに言うと母親側の決死の覚悟が必要なのです。二時間、三時間、泣きつづける赤ちゃんもまれではありません。しかし子どもの「泣き」をおそれていては、ひとり寝を成功させることはできません。子どもに「自立力」をつける節目だと信じて、最後まで頑張れば必ず成功するのです。

「この講座を受講して一番よかったと思うのは、子どもを『泣かせておく』ことを恐れずにすんだということです。以前からよく泣く子でしたが、一日中抱っこしっぱなしにならずにすみました。いまは、当時の泣き虫がウソのように、たいていは機嫌よくいてくれます。

とくに、夜の寝かしつけには努力しました。オッパイ寝から抱っこ寝になり、そしていよいよひとりで寝かせようと、泣き続けること三〇分～一時間の毎日。数日間辛抱して最初に成功したときは、『ヤッター』とガッツポーズをしました。

いまでは、眠くなると自分の部屋にハイハイして行きます。そして、何冊か絵

本を読み、おやすみのあいさつをして電気を暗くすると眠ってしまいます」（満一歳）

このお母さんはNMSの理論をとても深いところで理解してくださった方でしたが、入会なさったのが子どもがまだゼロ歳の間だったのが幸運でした。子どもは四、五日の「泣き」でひとり寝を身につけることができたのです。

「NMSの理論と、それを実践する難しさを常に感じていましたが、『母親が幸せであることが子どもの幸せに通じる』というNMSの言葉を心において、これからも楽しい子育てをしようと思います」（同）

この方のおっしゃるように、NMSは「幸せな母親から幸せな子どもが育つ」ということをモットーにしていますが、それは子どもとの摩擦を避けて、どんなこともほいほいと笑顔でわが子の欲求を受け入れるということではありません。ときには子どもの抵抗に耐えて、親側の原則を貫くことが必要なのです。とくに一度ついてしまったくせをなおすには、毅然《きぜん》として、一時間、二時間、泣き声に耐えなければなりません。

子どもは顔中を涙にして泣き叫ぶ——その姿を見るつらさ。こんなに泣いていては泣き過ぎて死んでしまうのではないかという不安にさえ襲われる……そのうえお母さんの決意を鈍らす「はたの人」もゴマンといるのです。

「うるさいなー、いい加減に抱いてやれよ」と言う父親、「どうしたのよ」と階段をかけ上がってくるおばあちゃん、「母親ってのは、子どもが泣いていれば自然に手が出るもんだ。それをお前は——」となじるおじいちゃん。

でも、ここでぜひ考えていただきたいことは、いままで添い寝をしていた子のひとり寝を実現することは、「自然の流れ」に任せていてはできず、母親の必死（！）の努力なしには難しいということです。

その努力は意外にすんなり行くときもあれば、何日もの大闘争になって続くこともあり、予断を許しません。ただはっきり言えることは、自然に任せていては、子どもはますます添い寝に固執するようになり、小学校に入るまで、いや、入ってからでも簡単にやめるようにはならないということです。中学一年になるまで、母親と一緒に寝ていた男の子の例さえありました。

「添い寝」をやめようと思ったら、泣き声にふりまわされず、泣かせておく忍耐と勇気をもつこと。二日、三日、四日と経つうちに、子どもがある日まったく泣かずにひとりでストンと寝る日は必ずやってきます。

もしもあなたに、そこまで頑張る気力がなく、途中でくじける不安があるのなら、むしろ「ひとり寝」には挑戦しないほうが無難です。それというのも、そうした母子闘争に母親が負けることは、ますます「言うことをきかない」子どもを育てるということになるのですから。

おっぱいに頼って子育てをダメにする

不思議なことに、「母乳はいつ飲ませてもかまいません。そして子どもが求める限り、何歳まで飲ませていてもかまいません」と主張する専門家は少なくありません。

そのへんを駆け回っている三歳近い男の子が、遊びの最中にときどきお母さんのブラウスをめくりあげて頭を突っ込んでいるのを見て怪訝《けげん》に思ったことがありますが、それはそうしたアドバイスを真に受けて、いつまでもおっぱいのチビチビ飲みをさせていたお母さんでした。「忙しすぎて何もしてやれないから、せめて一緒のときはおっぱいぐらいやっていたい」と彼女は語っていました。

しかしこんな形でけじめのない生活習慣を身につけてしまうと、子どもは何につけても社会のルールを身につけられない子になりがちです。おっぱいの「チビチビ飲み」は絶対につけさせたくない習慣のひとつだと私は考えています。

「摂食障害」も「食べる」ことによって自分の問題をごまかそうとする潜在意識に動かされている現象ですが、ふつうの大人でも、つらいこと、うまくいかないことがあるようなとき、甘いものを食べて気を紛らすことがあります。しかし問題自体はそれによって解決するわけではありません。

同じように、子どもが泣きだすたびにおっぱいをくわえさせるのは、それによって当面の問題をごまかし、気を紛らすことによって問題を先送りにする、日本特有の「ごまかし育児」の一種と言えるでしょう。

そして、こうした「ごまかし子育て」がまかり通るのは、お母さんの側にも「おっぱい」に対する無意識の依存心があるからで、おっぱいにすがりついてくる子どもを「しょうがないわねぇ」と言いながらも、母親は「自分がこれほど必要とされている」

という嬉《うれ》しさをどこかで感じているからです。とくに子どもだけが「生きがい」であるお母さんにはその傾向が強く、おっぱいを武器として使うために、おっぱいのチビチビ飲みのくせをつけてしまうのです。しかしそれは最終的に、自分で自分の首をしめることになる習慣です。

「母乳を飲ませると泣きやんでくれるので、そのためかいまだに断乳できません。夜泣きと断乳できないの泥沼スパイラルにはまり、育児がいやでたまらない日が増えてきました。保健師さんには、園に通うころになればそのうちなおる、と言われました。でも、寝不足でつらくてたまりません。〝子どもがぐっすり眠れる〟というような本を読んで、一分、三分、五分と声をかける（さすったり抱きあげたりはしない）方法を試みましたが、一晩中大声で泣きわめき、二日であきらめました。

日中はきげんよく活動的な子です。私が寝具の一部になっているようで、寝るときに横にいないと不安になるようです。兄は一二時間ぐらい続けてよく寝た子で、夜中に一度も起きたことはありませんでした」（一歳九カ月）

できるだけ危険を避ける

上の子と一〇歳以上はなれて第二子を授かったこのお母さんは、お子さんが四ヵ月のときかかった病気のせいで、「子ども甘やかし」に陥ってしまいました。おそらく上のお子さんも添い寝で育てたのでしょうが、一二時間もぐっすり眠る理想的な睡眠パターンの子だったため、まったく苦労しないで育てることができたのです。

こうした個人差があるせいで、「うちは三人とも添い寝で育てたけれど、しごく健康に育った。添い寝でも悪くないんじゃないの」と主張するお母さんもないではありません。

しかし、育てやすい子を授かった人の場合は少しも弊害がなかった（ように見える）添い寝も、運悪く育てにくい子に当たった母親の場合は、とんでもない苦労を招くタネになりかねません。

そもそも子育てを「運・不運」にのみ任せるのは誤っていて、どんな子を授かってもお母さんがあまり苦労せず、ラクに子育てができるノウハウを身につけていなければならないのです。先輩ママの「こうしてもうまくいった」「ああしても大丈夫だった」

という言葉に惑わされて、育児の「泥沼スパイラル」に落ち込んでしまうお母さんは少なくありません。もちろん先輩ママの声に助けられることもあると思いますが、やはり多くのデータに基づく、具体的な裏づけのある子育て論に耳を傾けてほしいと思います。

前ページの子も「日中はきげんよく活動的」なのに、お母さんが「寝具の一部になっているようで」「寝るときに横にいないと不安になる」のでした。ゼロ歳のときに病気になったこともあり、徹底的に「添い寝」が刷り込まれてしまったのです。

添い寝からひとり寝への移行は、最高に難しいしつけのひとつですから、そもそも「一晩でなおせる」と思わないほうがよいのです。前述したように三カ月がんばってようやく成功したお母さんさえあるのです。しかし平均的には一週間以内、はやくて三日ほどで成功する例が多いのです。それでも子どもの泣き声に耐えるのはかなりの忍耐力と信念が必要で、NMSでは多くのケースを扱えば扱うほど、一度ついた「添い寝」のくせをなくすのはお母さんの強固な意志が必要なことを痛感しています。しかし、それがありさえすれば、必ず成功するのです。

西欧の母親はこんなとき、ベッドを赤ちゃんの泣き声が聞こえない場所に置くそうです。「子どもの泣き声って耐えられないわよね。うちはすごく狭かったから、小さいときは子どものベッドはキッチンに置いてたのよ」とフランスのお母さんから聞かされたとき、一瞬絶句してしまいました。日本人には到底、できそうもありません。

「そのうちなおる」ってどういうこと?

目を覚ますたびにお母さんを求めて泣き叫ぶ子ども——そんなとき、お母さんが専門家に相談すると、「大丈夫、そのうちなおりますよ」というアドバイスをされることは少なくありません。そしてそれに続く言葉は、「いまは赤ちゃんの言うとおりにしてあげなさい。すぐ大きくなってしまいますから、辛抱もいまのうちです」というもので、これこそほんとうに罪つくりな助言です。

たしかに「夜泣き」にせよ、「抱きぐせ」にせよ、「そのうちなおる」のです。四歳になってまだ赤ちゃんのように始終夜泣きをする幼児はありません。三歳になってまで、始終抱かれている幼児もありません。

しかし、そういう時期がくるまでお母さんが赤ちゃんの言いなりに行動し、赤ちゃんの召使いのようになってしまうと、母子関係がその形で固まってしまい、子どもは何かにつけて、素直にお母さんの言うことをきかなくなってしまうでしょう。

赤ちゃんを「愛する」ことはほんとうに必要なことです。しかし母親が赤ちゃんの召使いになってはいけません。それは何も難しいことではなく、ただ、生活のなかに「ルール」があることを赤ちゃん時代から教えればいいのです。

そのため授乳にも、寝る場所や時間にも、「けじめ」をつけることが必要なので、そうすればたたいたり怒鳴ったりしないでも、赤ちゃんは赤ちゃんなりに、世のなかには従わなければならないルールがあるんだ、と無意識のうちに学ぶのです。

「私の都合で、子どもが満一歳になったとき、おっぱいをやめました。それまではおっぱい、おっぱいの生活でした。生後半年ぐらいまでは、飲みたがったら飲ませていました。そのせいか、授乳間隔は二時間ぐらい、まれには四時間というふうでした。育児書を読んで、その通りにした結果が、こうでした。でも『リズムをつくりましょう』と書いてある本もあって混乱しました。

いま、子どもは少しでも自分の思いどおりにいかないと、かんしゃくを起こします」（一歳六カ月）

この方の場合もそうですが、寝つくまで「おっぱいを吸わせる」寝かしつけや、泣くたびに時間かまわずおっぱいをくわえさせるやり方は、一見ラクに見えて、子どものチビチビ飲みを誘発し、夜中に何度も目を覚ましておっぱいを要求する子どもをつくる悪循環のもとになることが多いのです。

この方の断乳のやり方はきっぱりしていて、その点はとてもよかったのですが、それ以前に規則的な授乳をせず、子どもの要求に応じて「泣けばおっぱい」の生活をしていたので、しっかりわがままのタネが蒔《ま》かれてしまったのです。

ゼロ歳で植えつけられるわがまま

以上のような「ひとりで寝ない」「きちんとした時間に寝ない」「なかなか断乳できない」「夜中に泣いてはおっぱいを要求する」、そして「すぐ抱っこ、抱っこと要求してくる」という現象は単独に現れるのでなく、どれも他のものと連なって現れてきます。

ですからすでに述べたように、添い寝をやめてひとり寝に切り替えることに成功した場合、他の面でも子育てがものすごくラクになってきます。なぜかと言えば、それによって子どものお母さんに対する気持ちが変わってくるからです。

「この人は自分が泣きさえすれば思いどおりになるんだ」と甘く見ていた相手が、どんなに泣き続けてもいままでと同じ対応はしてくれない——そのとき子どもは、「ママはこれまでのように自分の思いどおりにはならないんだ」ということ、世のなかが自分を中心にして回っているわけではなく、自分もまた「ルール」を守るべき社会の一員だということを感じ取るのです。

ところが日本には、際限なく子どもを甘やかすのが親の愛だと思う伝統が存在しています。そして昔はある意味でプラスに働くこともあったこの「甘やかし」は、豊かさのなかでは確実にマイナス方向に働きます。しかもそのことが思春期以後にならないとわからないというところに問題が潜んでいるのです。

そうした過ちに落ち込まないよう、子どもを可愛がりながら、甘やかさないよう、けじめをつけて育てる——それができれば最高です。しかしそれは、ただ子どもが親の言うことをきけばいい、というほど単純なものではありません。

何をどうすればいいのか——これから子育てに待ち構えているさまざまな落とし穴について、もう少し書き込んでいきましょう。

お母さん、自信をもって！

母親を悩ませる子どもの要求のひとつに、「抱きぐせ」があります。これも子どもがかなり自由に歩きまわれる時期になると目立ってくる現象です。

NMSのアンケート調査（回答者一一二五人・一九九八年）では、子どもを生後半年ほど抱きっぱなしにして育てた母親は、何と全体の一割近くもありました。

当時の都市の主婦の平均家事時間は約四時間強（いまではもっと減っています）。

生後間もない赤ちゃんを「抱きっぱなし」で育てても、日常生活にそれほどの負担はかかりません。ところがお母さんが最初はあまり苦にしていなかったこの「抱っこ育児」が、時が経《た》つにつれて大変なことになってくることが多いのです。

「ひとり目の子育ては、子どもの望むことは何でもかなえてあげよう、とほとんど抱いて育てました。それで互いに幸せになれるかと考えていたのですが、息苦しくなることが多かったし、私にべったりの子どもが可愛くもあり、うるさくもあり……。ある程度の年齢になれば離れていってくれるかと思ったのですが、そうはいきませんでした」（長子五歳／次子五カ月）

このお母さんのように、「赤ちゃんの望むことは何でもかなえてあげよう」と思って子どもに抱きぐせをつけてしまうお母さんは少なくありません。最初のうちは赤ちゃんの体重も軽く、好きなときに下に下ろせるので、お母さんも「抱きぐせ」のマイナスにはそれほど気づかないのです。

それでも子どもが全体として「育てやすい」子の場合、それほど悲惨なことにはならないのですが、次のような場合は大変です。

「寝ぐずりが日増しに激しくなっています。足をさすっても、子守歌を歌ってもやみません。何をしても激しく泣き続けるときは、一度抱き、泣きやませ、落ち着かせてから再度寝かせます。

問題なのは昼間の退屈泣きです。おもちゃで機嫌よく遊んでいると思っても、すぐに飽きて泣き出します。眠いのかと思い、その雰囲気をつくってもダメ。抱っこしてほしいという願いがかなうまで、泣き続けます。この状態が日増しにつよくなっています。悲惨なほど泣き続け、声をからし、(寝ているときは) ふとんからずり落ちているので、結局抱いて泣きやませるしかありません。

昼間は一時間ほど散歩をしますが、一緒に遊ぶときはキャハハと笑い、機嫌よくしているのですが、すぐに飽きて抱っこするまで泣きます」(一歳三カ月)

このお母さんは、生まれたときから寝ぐずりのひどいこの子を、ほとんど一年間、抱っこして揺らしながら寝かしつけていました。一年を過ぎて状況が少し改善され、ひとりで指をしゃぶりながら寝てしまうこともあるのですが、それでもゼロ歳のとき身についた抱っこぐせをなおすことはできません。

こうした赤ちゃんに苦しむ母親の例を見るにつけ、「お母さん、たっぷり抱っこしてあげてくださいね」という言葉の無責任さに暗たんとしてきます。

子どもが心身ともに健康に育っていた戦前を振り返れば、そんな形で母親が子どもに密着していた子育てはありえなかったのです。なのに子どもに愛を伝えるのに、始終抱いたり、添い寝したり、おっぱいを含ませたりという母子密着が必要だという考えが、どうしてこんなに広がってしまったのでしょうか。

かつて五人も六人も子どもを生み育てていた母親、しかも家事や家業に追い回されていた母親は、一人の子どもにそのような形で密着して育てる時間などありませんでした。それでも子どもたちは、「お母さん」が誰より、何より好きだったのです。

不思議なことに現代のお母さんたちは、子どもに愛を伝えるにはどうしたらいいのか、もっと抱きしめ、もっとキスしてやらねばならないのでは――と絶えず気を揉《も》んでいます。

お母さん、もっともっと大らかに、自信をもってくださいね。

毎日そばにいて、何くれとなく面倒をみてくれるお母さん、その人の顔を見るだけで自然に嬉しくなるお母さん、子どもにとって母親は、太陽のように「そこにある」だけで心が満たされる存在です。

母乳で育てねば……一緒に遊んでやらねば……抱っこしてやらねば……などと気を揉まず、「自分はこの子にとって必要な人間なんだ」という自信をもって、どっしり構えていてください。「どうすれば愛が伝わるか」などとくよくよする必要はありません。

大切なことは、「まだわからないのだから……」と思わず、生まれたときから言葉を使って話しかけること。日本のお母さんは、子どもに愛を伝えねばと気を揉んでいるのに、不思議なほど子どもに話しかけません。それより体のほうが先に動いてしまうのです。幼いから言葉で言っても伝わらないと思わずに、言葉を使ってどんどん話しかけましょう

約束を守る大切さ

子どもが「抱っこ」を好むのは自然なことです。上のほうからいろいろなものが見

えて面白いし、ひとりでは行けないところにも連れていってもらえる……昔の日本人も、おんぶして子どもをほうぼうに連れ回っていました。絵巻物にはその姿が巧みに面白く描かれています。

最近とくに目立ってきたのが、「抱っこ」が「歩くのがいや」というわがままと結びついて、母親を悩ませるケースです。

二歳前後になって、かなりの距離を歩く能力はできているのに、当然歩ける距離を「抱っこー」とせがんで親を悩ませている幼児が増えてきています。断ると泣き出す子、いきなりひっくり返って寝そべる子、ちょっと歩くけれどすぐにまたごねだす子、とさまざまですが、人の目もあって、お母さんは仕方なく抱き上げてしまいます。

こうした形のわがままはとりわけ扱いが難しいのですが、まず、出かける前にきちんと言葉で「今日は○○に行くけど、抱っこはできないよ。自分で歩かなければ連れていかないよ」と言ってきかせましょう。そして途中で「抱っこ!」と言い出したら、「歩くって約束したでしょう、約束を守れないなら家に帰るよ」ときっぱり外出を取りやめて引き返してしまいましょう。買い物ができなくなっても、子どもと遊ぶ予定であっても、約束を守るほうが大切です。そして家へ帰ってから、子どもの機嫌をとったりせず、かと言って子どもに当たり散らしたりせず、淡々としていることが大切です。子どもは約束を守れなかった自分を、やはり後ろめたく思っているのですから。

こうした形で母親が自分の意志を示せば、子どもは「ぐずることはよくないこと。何の役にも立たないこと」と実感し、「抱っこ」をせがまず歩き抜く子になるでしょう。

お母さんの間違ったしつけ

子どもを導くつもりで、間違ったしつけをしている母親も少なくありません。

二〇〇〇年一月二三日付けの毎日新聞の「女の気持ち」に、次のような投稿(「子育て言葉」)が出ていました。

「(……)手やおしりをたたいたり、大声で怒鳴ったりとかなり怖いママであると、自分でも思う。4歳の娘がうじうじとはっきりしないことが多くてイライラさせられるし、2歳の息子がとんでもないイタズラをして私の神経を逆なでする。(……)

先日、子どもたちに牛乳を出してやりながら『これ、こぼさないでよ。こぼすような子はベランダから捨てるよ』と言う私に、娘が『お母さん、そんなこと言うと、私がお母さんより大きくなった時に、お母さんのことベランダから捨てるよ』と切り返した。言われてとても悲しくなった。

そして、私が日常的に口にする『お外に捨てるよ！』『そんなお手々は切っちゃうよ！』などという言葉は、子どもたちをこんな悲しい気持ちにさせていたのかと反省した。

こういう言葉は子育てには必要なかった。ひどい言葉というのは、ときに体の傷よりも深く心に傷を残すのかもしれない。もっとも4歳の娘は生意気盛りで『お母さんもこぼしたらお手々をペンするからね』などと対等の立場に立ちたがる。親と子は立場が違うことをどうやって教えていったらいいものか」

（埼玉県所沢市 U・Kさん 主婦・34歳）

このお母さんは、素直な、心のまっすぐな女性です。基本的に少しも悪いお母さんではないのですが、子どもとの正しい向き合い方を知らないために、始終イライラしながらわが子に対するようになっています。

後述しますが、この方が「しつけ」と思っていることは、実は「脅かし」なのです。日本には不思議なほど平気で、見え透いた「脅かし」を言って子どもをしつけようとする親が多いのです。この方は幸い子どもに逆襲されて、自分の言葉の過ちに気づくのですが、でもまだまだ、子どもの本当の気持ちに気づいているわけではありません。

親にひどい言葉のいじめを受けた子どもの気持ちは、ただ「悲しい」などというものではありません。子どもは、お母さんはできもしないことを言って自分を脅かしている、いじめている、と感じています。そこにあるのは単なる「悲しみ」ではなく、こんな理不尽な扱いを受けるのは、自分が親よりも小さくて力がないからだという、親に対する「不信感」と「恨み」です。でなければどうして「そんなこと言うと、私がお母さんより大きくなった時に、お母さんのことベランダから捨てるよ」という言葉が出てくるでしょうか。

幸いこの子は積極性のある子で、このときはっきり言葉を使ってお母さんに自分の思いを伝えることができ、お母さんは自分の「脅かし育児」の間違いに気づいたのでした。

でもまだ、大きな問題が残っています。「親と子は立場が違うことをどうやって教えていったらいいものか」ということです。知らずしらず「脅かし育児」におちいってしまった親たちが、「しつけ」に行きづまってしまうのは当然のことなのです。

子どもに信頼されるには

先日もスーパーで、こんな場面を目にしました。四歳ぐらいの小さな女の子が、棚の品物に手を出してつかんだ途端、どうしてかバリッとセロファンの包みを破ってしまったのです。

「何でそんなことをするの！」

お母さんの声が飛びました。

「破ってしまったものは買わなくちゃいけないからね。いりもしないのに……。もうあんたのアイスクリームは買えないよ。お金が足りなくなっちゃうから」

子どもは何とも言えない無表情でジーッと押し黙っています。お母さんはエスカレート。そして最後に、「なぜこんなことをするの！　え、どうしてなの！　言ってみなさい！」になりました。

前記の投書で「4歳の娘がうじうじとはっきりしないことが多くてイライラさせられる」という場面は、おそらくこういうことなのでしょう。こんなとき「どうしてそんなことをするの？」と言われても子どもは答えられないのです。理由などなく、ついうっかりやってしまったことなのですから。

このお母さんはスーパーのなかを半周するぐらいの間、子どもを責め続け、子どもは一言も言葉を出さず、とうとうめそめそと泣きはじめました。お母さんは、そこでようやく気がすんだようで、小言のほこを収めたのです。

こんな形で子どもを痛めつけることが、子どもに「言うことをきかせる」ことではありません。

投書のお母さんはその意味で、とてもいいところに気づいています。しかしそれではどうしたら、子どもに親の「言うことをきかせる」ことができるのか、ということがわからなくなって困っています。

この方も書いているとおり、「親と子は立場が違う」のです。親は子どもにきちんとしたしつけをする義務があり、その意味で子どもと対等ではありません。

そのためにまず必要なのは、子どもには、大人と同じように振舞うことはまだ許されないということ、一定の年齢になるまでは子どもには許されないことがあるのだという「ルール」を子どもに納得させることなのです。

スーパーに行っても、子どもには商品をさわらせない。何を買うかは親が決める。最初に決めるのは、この当然のルールです。はじめて子どもをスーパーに連れていく日に、「お買い物するのはママだからね。あなたはモノにさわってはいけないよ」ときちんと言ってきかせていれば、子どもはそれを当然のこととして受け入れるのです。

商品に手を出さないというルールが最初から身についていれば、子どもがうっかり包み紙を破ってしまうなどという事故も起きません。

いままで勝手にお店の商品をさわらせていたけれど、よくないことだとわかった、これからは変えたい、という場合には、そう決めた日の出かける前に、しっかりと子どもに言いきかせましょう。

「あのね、あなたはまだ子どもだから、今日からはお買い物はママだけがカゴに入れることにするからね」

そしてその約束が守れなかったら、すぐ買い物をやめて、家へ帰る——。このように、「社会のルール」「わが家のルール」をきっちり言ってきかせて守らせるように心がけましょう。

第3章

食事のルールが何より大事

食生活でぐらつくしつけ

ひとくちに「衣食住」と言われますが、人間生活のこの三つの営みのうち、誰が考えてももっとも大切なのは「食」です。そして子育てにおける「食」の問題が親子関係に及ぼす影響は、一般に意識されているよりはるかに大きいのです。幼児がどんな食生活を送るかには、単なる栄養面の問題だけでなく、その子の生き方の決め手となる重要性が潜んでいます。

日本が貧しかった時代、どんな家庭でも、お米は「お百姓さんが汗水たらしてつくってくれたもの。粗末にするとバチが当たる」というしつけが行なわれていました。ご飯粒を粗末にしたり、おひつをまたいだりするとこっぴどく叱《しか》られたものです。

しかし「飽食の時代」のいま、そうしたしつけがどれほど残っているでしょうか。食べ物を大切にするという気持ちが日常生活のなかからどんどん失われており、とくに「ご飯粒」の大切さを体で覚えている子どもなど、ほとんどいないのではないかと思われてなりません。

その一方、好き嫌いせず、健康な食欲をもって食事をしてほしい――これがすべての母親の願いです。それはきわめて正しい願いです。とくに離乳期から一年ほどは、不思議なほど「食べてくれた」「食べてくれない」「少食すぎる」「好き嫌いが多い」などなど、母親たちは子どもの食生活に心を砕いています。

ところがその気持ちがプラスに働くのでなく、むしろマイナスに働いて子どもの「生きる力」をダメにしている場合が少なくありません。その結果としてお母さんの言うことをきかない子も増えてきます。

それは少しでも多く「食べさせよう」「食べてもらいたい」という母親の願いが、子どもの食生活のけじめをなくしてしまうからです。

「食べない」という悲鳴

四回シリーズで行なわれたある子育て講座で、思いつめた顔で立ち上がった若いお母さんから、次のような質問を受けたことがあります。

「うちの子は、食事のとき、なにも食べないんです。食べてくれないんです」

年齢を聞くと二歳三カ月、もう何でも食べられる年ごろです。

「何も食べないなんて、それでは生きていられませんよ。そんなはずないでしょう？　離乳はもうすんでいますか？」

「ええ、すんでます。でもほんとうに食べないんです。何も食べてくれません」

「冷蔵庫、勝手に開けさせていませんか？」

「ええ、開けさせています。ミルクとジュースはいつも置いているので、のどが渇いたときは自分で飲んでいます」
二、三歳の子どもに、自由に冷蔵庫を開けさせて、なかのものを好きに飲ませているほど、子どもたちの食生活は乱れているのです。
「ではね、冷蔵庫のなかをすっかり片付けて、ジュースなどは一切置かないようにしてください。置いておくのは麦茶だけ。ジュースを飲みたいとぐずっても、『ないよ』と言って絶対に取り合わないでください。これだけを守ってください」

たったそれだけのアドバイス？　と物足りなさそうな彼女でしたが、一週間後、同じ教室で会ったとき、目を輝かせて報告してくれたのです。

「ほんとに魔法みたいです。ご飯をちゃんと食べるようになりました。不思議です」

不思議でも何でもありません。子どもはちゃんと、牛乳やジュースを飲んでおなかを満たしており、肝心の食事のとき、出されたものが食べられなくなっていたのです。

不思議なのは、若いお母さんがこうした事実にほとんど気づかないでいることです。おそらく物心ついたときから、彼女たち自身、水やお茶を飲むように自然にジュースなどを飲んでおり、それが子どもの食欲を阻害する栄養物であることが意識できなくなっているのでしょう。

そうした現実のあるなかで、お母さんたちはわが子が「食べない」「食べない」と不安にかられています。そして「ちゃんとご飯を食べない――ならせめて好きなものを食べさせよう」という悪循環にはまりこんでいます。

食べさせようと必死

子どもに何を、どのくらい与えたらよいかということは、まだ子どもの食欲が安定していない離乳期にはなかなか要領がつかめません。子どもの食べる量は大人と違って、かなり少量だからです。その按配《あんばい》がわからないために、少しでも多く「食べてもらおう」と願う母親の気持ちはわかります。でもそのために、食生活を通じて幼児が母親の「言うことをきかない」子になりがちなのです。

この時期に多く見られるのは、おっぱいと離乳食との関係です。いわゆる離乳はすんではいるものの、おっぱい（またはミルク）が「甘やかし」の手段になる場合も少なくありません。

二歳と一歳の子どもたちが、食事をほとんど食べないので悩んでいるお母さんがありました。

「寝る前に、必ず牛乳を与えていました。他にも欲しがるときには必ずやっていました。三度の食事はほとんど口にしません。（私は子育てに）心身ともに疲れ果てていましたが、(自分は)子どもたちを甘やかしていたのだな、と先生のご本を読んで確信しました。そこで上の子には『もう〝ビンビン〟とはバイバイしよう』と、子どもの目の前で哺乳瓶《ほにゅうびん》をゴミ箱に捨てました。そのときは大泣きしましたが、案外すんなりとあきらめました。いまでは一日に二回、牛乳は朝食時と夕食時に飲むだけです。でもまだ、食事にはあまり手をつけません。お菓子はたしかに好きです。けれども哺乳瓶を取り上げてからは、お菓子もあまり食べなくなりました。いままでお菓子でも何でも、せがまれれば好きなだけ与えていました。断乳し、哺乳瓶を取り上げてからは、二人ともぐんとききわけがよくなり、私も精神的にラクになりました。あまり楽しめなかった育児が、だんだん楽しめるようになってきました」(長子二歳四カ月/次子一歳三カ月)

このお母さんは、子どもたちがほとんど食事に手をつけないと嘆きながら、子どもが要求するたびに牛乳をふんだんに飲ませていました。いろいろな食べ物の味を覚えなければならない離乳時に、牛乳は完全食品だからどんなに飲ませてもいいのだと、要求されるままに与えて、子どもの健康な食欲を阻害している例は少なくありません。

このお母さんはそのうえ、お菓子も要求されるままに与えていました。そこには「ごはんをきちんと食べないんだから、せめてお菓子でも食べさせなくちゃ……」という気持ちもあったのでしょう。

こうしてお菓子を食べたから次の食事が入らなくなる、そしてまたお菓子……という悪循環にはまりこんでしまう例は少なくありません。

こういうとき私たちは、一食や二食食べなくても水さえ飲んでいれば大丈夫、死にはしませんから、何も与えないでがんばってください、とお母さんを励まします。たいていのお母さんは子どもが食事をきちんとしないと、代わりに何かを与えないと栄養失調になるのでは——とおろおろしてしまうのです。

このケースでは、お母さんが哺乳瓶をゴミ箱に捨てるという形で、はっきり食生活のイニシアティブをとる姿勢を子どもに示したとき、子どもは大泣きしながらも、その後不思議なほどききわけがよくなっています。

そしてお母さんがその後、「あまり楽しめなかった育児が、だんだん楽しめるようになった」のは、子どもたちが哺乳瓶を目の前で捨てたお母さんは、これまでのように自分たちが泣いたり、騒いだりすれば思うようになる人ではなく、断固として「ダメなのものはダメ」と言い切る人であることを悟ったからなのです。これまで甘く見られていたお母さんは、いわばこのとき「親の権威」を取り戻したのでした。

この例のように、子どもたちが「ききわけがなく、言うことをきかない」のは、たいていの場合、親がぐらついていて、子育ての心棒がなく、「ダメなものはダメ」ということを権威をもって言いきかせられないからなのです。

食のイニシアティブを母親に

「言うことをきかない」子は、こんなふうに、母親が食生活のイニシアティブをとれないとき、数多く育ってきます。

母親がなぜイニシアティブをとれないかというと、すでに述べたように、「ともかくひと口でも多く食べてほしい、そして大きくなってほしい」という願いにとらわれているからです。そのうえ食べるものはふんだんにあり、親の側にも食べ物に対する「もったいない」という気持ちがほとんどなくなっているからです（最近ではまた「もったいない」の言葉が復活しかかっているのは、ほんとうにすばらしいことですね）。

基本的に現代は飽食の時代。そのなかで、幼児が食べ物に向かいあう態度は、文字どおり「甘やかされて」います。

◎「最初の三口ぐらいはおとなしく食べているのですが、すぐに食べ物をおもちゃにしはじめます。茶碗《ちゃわん》のなかでぐちゃぐちゃにして、私がいないほうに投げ捨てます」
◎「食事の最中に椅子《いす》の上に立ち上がったり、テーブルの上に乗ろうとします」
◎「テレビを見ながらだらだら食いをします。テレビを消すと怒って泣きます」
◎「スプーンで食器をたたきます。許しておいていいでしょうか」
◎「下の子が生まれてから上の子が赤ちゃん返りして、自分で食事をしようとしなくなり、私が口のなかに入れてやらないと食べません」
◎「好きなものだけさっさと食べ、あとのものには手をつけません」
◎「食事の途中で立って歩き回り、ときどき戻ってきてまた食べようとします」
◎「三口四口食べると、もう飽きて椅子からおり、遊びはじめます。私はスプーンをもって追いかけていき、ちょっと気をそらしているときに口のなかに食べ物をほうり込んで食べさせています」
◎「パンだけが異常に好きで、他のものを食べずにパンばかり食べようとします。この間、ためしに好きにさせておいたら、五切れも食べてしまいました」
◎「口に入れたものをぐちゃぐちゃにして吐き出します。叱ってもやめません」
◎「自分の前に置かれたものを食べず、親の皿のなかにあるものを食べたがってぐずります」
◎「自分の食事がすんだのに、九時半ごろ主人が帰ってきて食事を始めると、そばへ行って彼の食べているものをもらいたがります。主人も嬉《うれ》しそうに食べさせています。こういうことを許していてよいものでしょうか」

ここに描かれているのはいずれも一歳から三歳ぐらいの幼児の食生活です。そしてすべての質問に共通するのは、食に関する子どもの生活のイニシアティブをとれず、わが子にしたい放題を許している親の姿です。

こうして食卓の「王様・女王様」になっている子どもたちは、他の面でも母親の言うことをきかなくなっていくのです。

空腹を知らない子どもたち

母親たちももちろん、何から何まで子どもの自由を無条件に認めているわけではありません。子どもが三口か四口しか食事を食べず、すぐにテーブルの前を離れて遊びだすと、「ちゃんと食べなきゃダメでしょ！」と一応はたしなめます。しかし子どもが席に戻らなければ「ほんとうにお行儀が悪いんだから……」とぶつぶつ言いながら、お茶碗を左手に、スプーンを右手に子どものあとをおいかけて口のなかにご飯をほうり込んだりするのです。「ほんとうに遊び食べばかりしてしょうがない……でも、とにかくこれぐらいは食べさせなきゃ」。これが母親の気持ちなのです。

他の場合も似たりよったりです。テレビをつけて食事をしなければ承知しない子どもには、一応「ダメ！」とテレビを消そうとはするものの、子どもが泣き出すと、仕方なくつけたまま。

自分のおかずはそっちのけで、親のお皿にスプーンを突っ込もうとする子には、「お行儀悪いでしょ！」とたしなめながらも食べさせてしまう。

そうしたすべての行動は、ともかくひとさじでも、ひと口でも多く子どもにものを食べさせたいという一念から発しています。その気持ちはわからないではありません。しかしこうした食生活のあり方こそ、子どもが親の「言うことをきかない」タネを蒔《ま》き、そして最終的にその「生きる力」を阻害して子どもの未来にダメージを与えることになりかねません。

めちゃくちゃな食生活

子育て最中のお母さんたちは、子どもが「食べない、食べない」と始終こぼしているのですが、自分自身は豊かな食生活をしているかと思うと、それどころではありません。

㈱アサツーディ・ケイの岩村暢子《のぶこ》さんは、一九六〇年以降生まれの主婦たちの食卓を約七年間にわたって調査し、『変わる家族　変わる食卓』（二〇〇三年発行／勁草書房）の一冊で、現代家庭の食生活の実態を明らかにしました。その結果、若い主婦たちの食生活があまりにもお粗末だったので「親の顔が見たい」ということになり、それらの若い主婦たちの一代前の母親世代四〇人にインタビューを行なって、その結果を『〈現代家族〉の誕生』（二〇〇五年発行／勁草書房）という一冊にまとめたのです。

その結果がまた、実に予想外なものでした。まずこの本の冒頭に出てくる平均的家族の食生活を紹介してみましょう。

・父四一歳、母四〇歳。幼稚園に行く娘六歳の朝食は、カップ麺《めん》にプチトマト。その前日はふりかけご飯と野菜ジュース。その前はお茶漬け。

・父三四歳、母三四歳、娘四歳。休日の夕食は昨夜の残り物と、コンビニで買ってきたお弁当。「休日の夕食はたいていこんなスタイル」という。
・母三七歳、息子七歳、娘六歳の昼食。手づくりカステラと二つのカップ麺、残り物のブロッコリー、キュウリの酢の物（キュウリにポン酢をかけて酢の物と呼んでいる）。

さてこうした食事をつくっている主婦たちの一世代前の母親世代は、平均年齢六四・五歳。老人と呼ぶにはまだまだ元気いっぱいの人々です。

これら「お祖母《ばあ》ちゃん世代」の食生活は、すでに欧風化していました。お煮しめだの、煮豆だの、焼き魚だのの日本の伝統的な食生活はそっぽを向かれていて、彼女たちの好みはすでにオムレツやグラタン、ハンバーグにスパゲッティ、そしてチャーハンなど。日本の家庭料理は和風、中華風、洋風と実にバラエティーに富んでいると言われていますが、彼女たちこそその担い手だったと言えるでしょう。

ところが彼女たちに育てられた娘世代――現在三〇代の子育てまっ最中の主婦たちの料理は、前述のとおりです。主として調理済みのものを買ってお茶を濁している場合が多いのです。

四〇人の「お祖母ちゃん世代」は、その娘たちの食生活の実態を写真で見せられると、口々に「信じられない」と言い、「私はちゃんとした食事で子どもたちを育てた。それを見ている娘がこんなめちゃくちゃなことをするわけがない」と異口同音に語るのでした。

まめまめしいお祖母ちゃん世代

岩村さんが最終的に理解したことは、「お祖母ちゃん世代」は、自分ではちゃんとした料理をつくり、料理の本なども見て工夫も怠らなかったのですが、子どもにはよほどのことがなければ手伝わせず、母親としてただサービスする一方だったという事実でした。

わが娘にそういうサービスを行ないながら、お祖母ちゃん世代は「娘に料理ができないはずはない。こんなひどい食生活を家族にさせているはずもない。娘は料理教室にも行ってパンも焼ける、ケーキもつくれる。私もちゃんとしたものを食べさせてきたし……」とほとんどの人が自信満々で断言するのでした。実際、パンを焼いたり、ケーキをつくるのが趣味の娘世代の主婦はたしかにいるのです。

しかし、それはすべて「特別な日」の料理。「ふだんの日」の料理はわけが違うのでした。そして、若い世代のふだんの料理は、すでにインスタント食品などに浸食されているのです。

お祖母ちゃん世代は、「私がちゃんとした食事を食べさせていたんだから、娘は料理というものがわかっているはずだ」と思い込んでいます。しかし、毎日レストランに行って、フランス料理だの、イタリー料理だの、懐石料理などを食べ続けた人に、「味がわかっているのだから、あなたは同じような料理ができるはずだ」と言ったら何をバカな、と笑われるのがオチでしょう。

何事も学習しなければ身につくはずはありません。お祖母ちゃん世代はその娘たちに、日常的に料理を教えず、家事を手伝わせず、自分でせっせと立ち働いておいしいものを食べさせ、わが娘には「あなたは勉強さえしていればいいのよ」と言ってきたのでしょう。

かつてそれは母親が男の子に言うセリフでした。ところがいまや、それは女の子にも言われるセリフで、その意味では男女平等は実現しているわけですが、女の子も、男の子なみに、きちんとした食生活のノウハウが身につかないまま大人になってしまったのです。

そしていま、そんな形で母親から「上げ膳《ぜん》・据え膳」で育てられた三〇代の若いお母さんたちが、子どもを育てる直接の責任者になっているのです。

お子さま優先の生活

子どもに何をどう食べさせるのか。それは親が決定すべき事柄です。幼い子どもにそれを決定する能力などありません。さらに子どもが親に養われているかぎり、基本的に子どもにそれを決定する権利もありません。

ずいぶん前に亡くなられた作家の山口瞳氏は、じゃがいもサラダが大好きで、親の家から出て一家を構えたとき、しこたまそれを買い込んできて、どんぶりいっぱいに盛りつけてパクパクと食べながら、つくづく「ああ、オレの代になったんだなぁ」という喜びを感じたということです。彼は親がかりでいたときには、じゃがいもサラダを思う存分食べたいと思っても、ついぞどんぶりいっぱいの量など食べることはできず、いつも物足りない思いをしていたのでした。

これは微笑《ほほえ》ましいエピソードですが、こんなふうに親に養われているときは、親の食べさせてくれるものでガマンしなければならないということは、「いまは昔の物語」になっているのではないでしょうか。

現在、子育てについて一般的に考えられていることは、「何であれ子どもの欲求を満たしてやることはいいことだ」という思い込みです。「欲求を満たすこと」が、まるで子どもの人権にかかわるような錯覚を起こしている人さえあります。

しかし、欲求は「満たしさえすればいい」というものではなく、かと言って「満たしてはならない」というものでもなく、その兼ね合いは実に難しい問題なのです。

欲求を満たしすぎると——とくに欲する前に与えられすぎると、「欲しい！」という強い欲求をもたない子どもが育ってきます。「与えすぎ」は欲求をなくさせる一番よい方法です。食べ物も、知識も、セックスも——。そして現代の子どもたちは、基本的に「与えられすぎ」て欲求が希薄になっています。

眠りの欲求さえ同じことです。昼間遊び抜いて疲れ果てていれば、夕ご飯を食べる間に眠くなってしまう、というのが昔の子でした。ところが「遊び」に体力を使っていない現代の子は、すんなり寝つかなくて、抱きしめたり、キスしたり、長い間絵本を読んでやったり（寝るのがいやな子は、つぎつぎ読んで読んでと要求してきます）、添い寝をしている母親がちょっとでもそばを離れると泣き出したり――「眠らせる」ことひとつ、母親の大仕事になってしまっているのです。思う存分外で遊んで、体が疲れ切っていないからです。

好きなものだけ食べさせる

食生活も同じこと。少しでも多く、好き嫌いなく何でも食べて、大きくなってほしい――赤ちゃんの離乳期にお母さんがそう思うことはたしかに自然なのですが、いまや母親が気を揉《も》む必要のない健康な食欲を見せる子は多くはありません。

こうして「何とかもっと食べさせたい」という母親のあせりのなかに、甘やかしが入りこんできます。

離乳期のお母さんの悩みは数多いのですが、前述したように、食べ物を払い落としたり、吐き出したり、遊びはじめたり、ずいぶんめちゃくちゃな食べ方をするもんだなぁ、とお思いになった方も多いでしょう。あるいは「あら、うちの子そっくり」と安心なさった方もあるかもしれません。

ところが、こうした子どもたちの状況は「自然なもの」ではありません。背後にはちゃんとした共通の理由があります。その最大の理由は、子どもの「おなかが空《す》いていない」ということなのです。

現代の幼児たちは、基本的に「おなかがペコペコ」という体験をすることがほとんどありません。泣けば何らかの形で食べ物を与えられてしまうからです。

それは「おっぱい」だったり、「お菓子」だったりします。ジュースさえ平気で与えています。自分たち自身、そうして育てられてきた「豊かさの申し子ママ」は、無添加の果汁ジュースなら体によいからいくら飲んでもよいと思い込んでいるのですが、それは正しくはありません。

真の空腹感がないままに食卓につく子どもたちは、前述のように食事を遊びの一環のようにとらえて、真面目《まじめ》に食事に向き合おうとしなくなっています。

こうしてお母さんたちは、何とか子どもが少しでも喜んで食べてくれるものを——と口当たりのよいものだけを与えるようになっていきます。

たいていの子どもは野菜が嫌いです。野菜特有のえぐみが気に入らないのかもしれません。ニンジンは昔から不人気でしたが、ピーマンはいや、ほうれんそうはまずい、かぼちゃは食べたくない、と好き嫌いをする子は多く、ニンジンなどは細かく切ってチャーハンに入れて何とか食べさせてしまうというお母さんも少なくありません。その小さい切片さえ、目ざとく見つけてつまみ出してしまう子どもさえあるのです。

たしかに野菜は「おいしい」というものではありません。かつて「うまい」という言葉が「旨い」だけでなく「甘い」とも表記されていたように、「あまいもの」は即「おいしいもの」と思わせる力をもっています。

明治二〇年生まれの新潟人であった私の義父が、生まれてはじめてビスケットを食べたとき、「世のなかにこんなに旨《うま》いものがあるのか」と驚いたという話をしてくれたことがあります。義父はきわめつきの甘党でしたが、ミルクと砂糖の味のまじった「あまいもの」は、田舎の粗食に慣れていた明治の男性にとってほんとうに「うまいもの」であったに違いありません。あまいものはおいしいのです。

しかも現代では、さまざまな新製品が、こんなにおいしいよ、さぁさぁ食べよう、とあの手この手のコマーシャルで押し寄せてきます。最近では小学生にまで糖尿病予備軍が増えていると言いますが、それはまさに子どもの「言いなり」に「うまいもの」ばかりを与えてきたことも一因であると言えるのではないでしょうか。

こんな状況のなかで、野菜ぎらいを直すのは至難のわざ、それだけにお母さんは悪戦苦闘するのですが、この状況に対抗する基本的な手はひとつしかありません。

食事のとき、子どものおなかを空かせておくこと。食べ物に関するイニシアティブは絶対的に母親がもつこと。このルールを守りさえすれば、よくよくの野菜嫌いでないかぎり、子どもも過不足なく野菜を食べるようになるでしょう。

食生活の軽薄短小化

しかし実際には、若い世代の食生活は、どんどん「お子さま中心」になっていき、それも手軽な既製品に偏ってしまいがちです。

子どもが離乳期に入ると、若いお母さんは最初「何でもきちんと食べさせなければ」とは思うのです。ところが時間をかけてせっかくつくった離乳食を払い落とされたり、喜んで食べてくれなかったり……そのうちもともと家事が苦手、料理が苦手な人の場合はとくに、「もう知らない！」と既製品に頼るようになり、食生活はどんどん既製品に浸食されてしまいます。

こうして朝からわが子に、「何が食べたい？」と尋ねるお母さんさえ出てきます。ある母親はそのとき「ラーメン！」と答えられて困っています。それでもせっかく子どもが言うのだから、とつくってしまいます。

「うちの子は好き嫌いはありません」とニコニコしているお母さんのなかに、子どもの注文に応じて好きなものだけ食べさせているお母さんも少なくありません。コンビニの店頭で、二人のお母さんが「うちの子、ラーメンを食べさせておけば機嫌がいいの」「うちも。それとアイスクリーム」と話しあっている言葉を聞いたことがあります。

こうして若い世代の食生活は、どんどんイージーなものとなり、かつての「おふくろの味」は既製食品に乗っ取られ、これから伸びていく子どもの体をつくるにふさわしくないスナック食品に浸食されつつあります。

二〇〇五年八月、成人の肥満が子どもたちにも伝染しつつある、何とか食生活を見直すべきだ、という運動がアメリカで起こりましたが、日本もアメリカのあとを追いつつあるのではないでしょうか。ただ日本の若い娘たちは肥満を極度におそれているので、肥満に侵されてはいませんが、血液検査をすると極度に血が薄く、それは女性たちがおよそ健康的とは言い難い食生活を送っていることを物語っています。

素朴な原材料の味を残す食品が家庭から追い払われ、口ざわりがいいだけの食品が現代の「おふくろの味」になりつつある……そしてそれは幼児期から始まっているのです。

こうして多少は口に合わないものでもがまんして食べる、出されたものは何でも残さず食べられるという子どもがどんどん減ってきています。

「何でも好き嫌いせずに食べる」というのは人間の「生きる力」のひとつです。

しかしいまや、お母さんたちが「何でも食べさせよう」と努力するのは離乳期以後の二、三年。その後はいつの間にか子どもの「好きなもの」さえ食べさせていればいい、という形となり、こうして結局現代の子どもたちはますます「ガマン」することを知らない子ども、「もったいない」ということを知らない子ども、山口瞳さんのように、親の「言うことをきいて」出されたものを食べる、というガマンさえしたことのない子どもになっていくのです。

何でも食べられる子を育てる

若いお母さんたちに、「自分の子どもはどんな子になってほしいですか?」と尋ねると、「思いやりのある子」「やさしい子」という答えが返ってきます。そして次に続くのが、「困難を乗り越えられる子」「ひとつのことをやり抜ける子」という答えです。

つまりわが子には感情の面では「やさしさ」を、意志の面では「強さ」を望んでいるわけで、これはほんとうに正しい望みではないでしょうか。ところがわが子をそうした人として育て上げるために、食生活がかなり大きな役割を果たすことを知っているお母さんはめったにありません。

前述の岩村さんが調査した「お祖母ちゃん世代」の女性たちもその通り。彼女たちはわが娘のために一生懸命食事をつくり、母親としてのつとめを果たした健気な人々でした。ところが残念なことに、そうした形の「上げ膳・据え膳」の暮らしがわが子の「生きる力」の衰弱に結びつくことを自覚していなかったのです。

すでに書いたように、食べるだけでは料理の能力はつきません。そのうえ彼女たちはおそらく、無意識のうちに、わが子の喜ぶもの、好きなもの中心の献立をしていたに違いありません。

そうした暮らしは、どんなものでも喜んで食べる子を育てることができません。

親のつくる食事が多少口に合わなくとも、ガマンして食べるということは、人生のなかでの忍耐力を養うためにとても大切なことなのです。

昔の子どもは、たとえ裕福な家庭でも、祖父母、父母、子ども世代という三世代同居のなかで、自分たちの好きなものばかり食べるわけにはいかない、ということを知っていました。彼らは祖父母の口に合う鯖《さば》の味噌《みそ》煮《に》だの、ほうれんそうのお浸しなどを食べさせられていたのでした。

ところがいま、子どもたちは自分の口に合うものばかり食べています。それは三世代同居という家族形態が崩れてきたからだけではなく、そういう形で子どもを甘やかすことが無意識のうちに当然のことと考えられているからです。

現代の子どもたちのお母さんは、その母親たち――お祖母ちゃん世代にそうした形で育てられた娘たちです。当時すでに、嫌いなものをガマンして食べるという場面は、子どもの暮らしから消えつつありました。

その結果、いまや好き嫌いの多い子がゴマンと育ってきています。とくに野菜嫌いはすさまじく、食生活に関する相談にも、「どうしたら野菜を食べるようになるでしょうか」というのが多いのです。

多くのお母さんは、きちんとした形で子どもに野菜を食べさせることに成功しません。いまはものが豊富な社会なのだから、ほうれんそうが嫌いならブロッコリー、ニンジンがいやならトマトを食べさせておけばいいじゃないか、という考え方もあります。前述したように、嫌いなものはわからないように細かく刻んで食べさせたらいい、という考え方もあるわけです。これではいやなものをガマンして食べる「意志の力」をはぐくむことにはなりません。

夕飯の時間に食卓につき、今日のおかずは何かな、とテーブルの上を眺めてみると、あまり自分の好きではない鯖の味噌煮がお皿の上にのっている。そういうとき「いやだぁ、鯖の味噌煮なんかぁ」とごねて自分だけオムレツをつくってもらうのが現代っ子ではないでしょうか。この場合、子どもは親の言うことをきくどころか、親が子どもの言うことをきいているのです。そしてそのお母さんが、「うちの子はガマンがなくって」とこぼしたりしています。食生活の場面でこういう形の「親の言うことをきけない」子は、いまほんとうに多くなっています。

もしも「今日は鯖の味噌煮なんだぁ。あんまり好きじゃないんだけど。これはパパの好物なんだからしょうがないな」となんとかガマンして平らげてしまう、そういう子こそ「生きる力」のある子、大きくなって困難が降りかかったとき、踏んばる力を出せる子どもなのです。

何でも食べる子に育てるポイント

こうした子どもを育てるのは、お母さんの決意ひとつです。それは決して難しいことではありません。次のような単純な原則を守っていればよいのです。

◆食卓につくときは、絶対におなかが空いているように。

そのためには、子どもが勝手に冷蔵庫をあけてなかのジュースなどを飲む自由を与えてはいけません。冷蔵庫をあける権利は大人だけ。生まれたときからそうしていれば、子どもはすんなり受け止めます（勝手にあけようとしたら、最初の一回で厳しく戒めてください。親の都合で叱ったり、叱らなかったりではダメなのです。とくに、最初が肝心です）。

◆食卓に出すおかずやご飯は、子どものお皿やお茶碗に少量盛りつけること。

大きなお皿から家族が好きなだけ取り分けるというのは、幼児の場合はダメ。親のお皿から分けてやるのも禁物です。自分の分として少量盛りつけたものを、全部食べ切るようにさせます。そしてきれいに食べたら、「きれいに食べたねぇ」とうんとほめてやること。好きなものを全部食べたときでも、同じようにほめてください。

◆ご飯で遊んだり、わざと下に落としたり、席を離れて遊びだしたら、叱るのではなく、「もう食べないの？　じゃ、ごちそうさまね」と声をかけて、おしまいにします。その後また寄ってきて、「もっと食べるー」と言ったり、パパのところへ行って口をアーンしたりしても食べさせてはいけません。一度「ごちそうさま」をしたらごちそうさまなのです。泣いてもぐずっても、一度「ごちそうさま」と言ったらけじめを守ること。

◆そんな形で早めに食事を切り上げると、次の食事の時間の前におなかが空いてしまうことがあります。それでもいつもと同じ時間がくるまで、間食をさせないこと。例えば一二時にごはん、三時におやつときまっているのに、二時に「おなか空いた」とさわぎ出しても、「おやつの時間はまだだよ」と取り合わないこと。一歳半ぐらいになると、時計の見方がだいたいわかってきますから、「この長い針がここまできたらおやつだよ」と言ってきかせてください。

◆何よりも大切なことは、子どもにたくさん食べてもらって、大きくなってほしい、という気持ちを払拭《ふっしょく》することです。多少食が細くても、何か食べている以上、子どもが飢えて栄養失調になることなど、絶対にありません。子どもの食欲はさまざまですから、上の子は二歳のとき、これだけ食べたのに、下の子は一向に食がすすまない――と心配する必要もありません。一食や二食抜いたって、病気になったり、死んだりすることはありません。ただし麦茶やお水は与えること（ジュース類は禁物）。

◆好き嫌いはないほうがいいのですが、誰しもこれだけはどうしても食べられない、という「死ぬほど嫌い」なものがあるかもしれませんね。そういう場合だけは認めてやりましょう。昔の親は、それさえ許さず、子どもは泣き泣き食べたものです（学校にはまだときどきそういう先生がいます）が、家庭ではそこまでの厳しさは必要ないと思います。しかしあれもいや、これもいやというのはわがままです。どこまでが「死ぬほどいや」なのか、どこまでがわがままなのか、見極めが必要です。どんな人にとっても「死ぬほどいや」な食べ物はせいぜい、ひとつかふたつしかないのではないかと思います。いずれにせよ、親の判断にはバランス感覚が大切です。

◆一カ月にいっぺんぐらい、今日は〇〇ちゃんの好きなメニューの日、と子どもの好む献立を立てて好きなものだけ食べる日をつくってやることはいいでしょう。子育てにはまじめ一方でなく、そんな楽しさを盛り込むことも必要なのです……。

今日は
スペシャルデーね！
ABC!

食欲は生まれつき

そもそも体形と同じで、食欲も生まれつきのものがあります。大きいひと、小さいひと、太ったひと、やせたひとと人間はさまざまで、またそれがいいところなのに、何もみながみな、同じように育たなければならないということはありません。バラエティーに富むところが人生の醍醐味《だいごみ》です。

かつてNMSで、「子どもの食生活」というテーマの座談会で、「うちの子は食べない」というお母さんと「食べる」という二派のお母さんに集まっていただいたことがありました。会議テーブルの両側に「食べない」派と「食べる」派が並んですわったのですが、話の最中にふと気がつくと、「食べない」派のママはみな痩《や》せ型、「食べる」派のママは太りぎみ。思わず笑ってしまいました。食べるも食べないも体質的な素質。それをタネにしてお母さんたちは悩んでいるのです。

NMSでの経験によると、いちばん大変なのは、食欲がものすごく旺盛《おうせい》で、食べて食べて困る、という子どもの場合です。二歳のお子さんでしたが、ものすごく食べたい子で、親のお皿のものにまで手を伸ばして、何でも食べてしまうというのです。食べるに任せていれば大肥満になることはたしかで、このお子さんに関するアドバイスは、なかなか難しいものがありましたが、いままでにわずか一例だけで、「食べなくて困る」という悩みとは違って、これは特殊な例でした。

たいていの場合、自分がダイエットをしていたりする太めのお母さんまで、子どもに何とか少しでも多く食べさせたくて気を揉んでいます。幼児期ばかりでなく、この傾向は小学生の間は続くようです。

前述の岩村さんの『変わる家族　変わる食卓』に、「うちの子どもは、肉料理なら食べてくれるんです」とか、「昼食の野菜がわりにミカンを出したら、子ども（三歳）が好きなのでよく食べてくれました」などという母親たちの言葉が出てくるように、お母さんたちはわが子が「――を食べてくれました」と、まるでお願いして食べていただいているような言葉づかいを無意識にしています。

「息子はすでにおやつに関しては、『今日のおやつは○○○と◇◇◇とラムネ！』なんて指定するようになっています。一日一回はスナック菓子を食べないと気がすまなくなっているようです」（三歳四カ月）

子どもたちはこうして、何を選び、何を食べるかを親たちに指図するようにさえなっています。親のほうも子どもの注文に合わせて食べ物を買い込み、与えることに抵抗を感じていません。

こうしたなかで、親たちは子育てのイニシアティブを失い、知らず知らずのうちに、自分には何でも許されていると思い込む子どもたちを育ててしまっているのです。

哀しい親たち

この間仙台に行ったとき、ホテルに一泊しましたが、朝食がバイキング形式だったので、そこここでテーブルを囲む家族の姿に目をやっておりました。

かなり大きな子どもが、ただひたすら、お母さんの差し出すスプーンに口をあけてあんぐりと食べている姿には悲しくなりました。ちゃんと手があるのです。もうその手でお絵かきもすれば着替えだってできる年齢です。

一方、まだ髪の毛も生えそろわないぐらいの、一歳そこそこの女の子は、四歳と三歳ぐらいの姉妹と一緒でした。この子は、お父さんお母さんに手伝ってもらうことなく、彼女なりに一生懸命、楽しげに食べていました。

驚いたのは、高校生ぐらいの女の子と、大学生ぐらいの二人の男の子、両親あわせて五人のテーブルでした。お父さんお母さんは食事を取りに行きましたが、三人の子は立とうとはしません。途中、女の子が給仕の人を手招きして、テーブルを拭《ふ》けというしぐさをしていました。しばらくすると、両親が戻ってきました。子ども三人分のトレイに副食の数々をのせて！

親子のありかたは、子どもが大きくなれば自然にまとともになっていくのではなく、幼いときからの習慣がそのままずっと——おおげさに言えば一生——続いてしまうものだということを、まざまざと見せつけられたひとときでした。

（T・Kさん）

何度も言うことですが、子育ての難しいところは、現在行なっている子育てが、どんな大人をつくることになるかがすぐにはわからないところにあります。でも少なくとも、この本の読者の方は、子どもの「生きる力」は親に依存する生活のなかからは伸びてこないことを理解してくださったのではないかと思います。

子どもの「生きる力」をはぐくむ――そのためにこそ子育てはあります。

しかしそのためには、親であるみなさん、とくにお母さんには、子どもを「どう育てるか」だけでなく、あなた自身がどんな親であるかを把握していただきたいと思います。自分がどんな人間であり、ひいてはどんなタイプの親であるかを知っていると、子育てがぐんとラクに、そして親も子も幸せになるからです。

次章でそのことをお話ししましょう。

第4章

お母さんと子どもの相性

母親のタイプは千差万別

『〈最新版〉スポック博士の育児書』（ベンジャミン・スポック／マイケル・B・ローゼンバーグ／暮しの手帖社）に、親と子の組み合わせについて書かれている箇所があります。

「親がおだやかな性質なら、やさしくておとなしい男の子が生まれてきたら申し分ないでしょう。（……）ところがもし、元気がありあまった、わがままな男の子が生まれると、どう育てたらいいか勝手がわからなくて、もう年中心配したり、とまどったり、つい心にもなく、きつくしめ上げたりするようになるでしょう。

そうかと思うと、キカン坊なら、らくらくと、たのしく育てられそうな親に、逆におとなしい子が生まれてきて、がっかりするといったこともあるはずです」

最初この部分を読んだとき、私にはほんとうのところ書かれている意味が完全には理解できませんでした。

ところがNMSをはじめてから、スポック博士のいう「親子の組み合わせ」の意味の大きさを身にしみて感じるようになったのです。

お母さんと言っても、千差万別。それは当然のことなのに、世間ではとかくすべてのお母さんが同じ性格、同じ母性愛の持ち主であるようにとらえがちです。

それは大間違いなのです。母親にもいろいろなタイプがあって、それぞれのタイプによって子どもに対する向き合い方が違います。この問題については、『あなたの子育て診断します』(小学館)にじっくり書き込んでいるのですが、そのなかから役立つ部分を紹介してみましょう。

日本のお母さんは、大別すると「保護型」「権威型」「放任型」「流され型」「受容型」の五つのタイプに分けられます。

そして日本の女性に一番多いのは、「保護型」と「権威型」で、なかでも「保護型」が圧倒的です。

それは子どもに手をかけ、目をかけ、何くれとなく世話をしようとするお母さんです。人間の赤ちゃんはほんとうに無力で、親の保護がなければ生きていくことができませんから、これは当然のことでしょう。しかし日本の親は欧米の親より「保護型」が多いような気がします。おそらく日本人は気持ちがこまやかで、他人の世話をするのが性にあっているのでしょう。

次に多いのが「権威型」で、子どもが一歳を過ぎると、ガミガミと子どもを叱《しか》りつけるこのタイプが増えてきます。これは一種の「保護型」の変形であるのかもしれません。母親というものはとかく、つねに子どものことが気になって、小さなことでも見過ごすことができず、思いどおりに子どもを動かしたくなっていくのです。とくに朝から晩まで子どもと一緒にいるお母さんは、この傾向が強いようです。

この場合、最大の問題は、母親がどんな「権威」の持ち主であるかということで、子育てに自分の考えをしっかりもち、流行に流されない人も「権威型」ですし、子どもは煮て食おうが焼いて食おうが自分の勝手、と体罰を加えるのも「権威型」と言えるでしょう。要するに親の心のなかにある「権威」の性格が問題なので、それによって子どもの受けるプラスもマイナスも決まってきます。

「放任型」の母親はかなり珍しい存在ですが、性格的に細かいことには不向きで、子育てが面倒でたまらないタイプの人に多いようです。

ただし、母親のもっている価値観によって「放任」の出る部分が違い、毎日ラーメンでも子どもが喜んでいるなら平気という人も、子どもがテレビを夜中まで見ていても平気という人も、子どもがいくら障子を破っても平気という人もあって（この人の家は実際、障子だけでなく、フスマにも大きな穴が開いていました）、その出方は千差万別です。こうした親に育てられた人のなかに、まれに本当の「大物」になる人もないではありません。

「流され型」は意外に多いタイプです。お母さん自身しっかりした自我も信念もなく、いつもあっちへフラフラ、こっちへフラフラと世間の思惑に流されっ放し。このタイプのお母さんは意外と子どもに手をかけています。現代は「カッコよさ」と「学歴」の時代ですから、女の子をお人形さんにして髪の毛にパーマをかけ、指にマニキュアをする人もあれば、「お受験」に子どもを駆り立てるお母さんもあり、それぞれ表れ方は千差万別ですが、最近の商業主義の浸透にともない、「カッコよさ」にこだわる「流され型」がかなり増えているような気がします。

「受容型」は私たちの心の底に潜む、子どもの言うことなら何でもきいてやりたいという、親バカの心です。

すべての母親のなかにこの心は潜んでいます。これこそ母親としての本質なのですが、悲しいかな、生存競争のはげしい現代社会のなかで、母親がそれを純粋な形で発揮できるチャンスはなかなかありません。

どうしても甘くなりがちな日本のお母さん

さて、たいていのお母さんはどれかひとつのタイプではなく、二つ以上のタイプが入り混じっていますが、もっとも多いのは「保護型」と「権威型」のミックスしたタイプだと思います。

このタイプのお母さんは、子どもの面倒をみながらガミガミ口うるさく注意したり、叱りつけたりしています。子どもが帰ってくると、「玄関の靴をそろえなさい」「手を洗ってうがい！」などと口やかましく注意するお母さんはこのタイプです。

ふだんはあまり子どもに構わないのに、ここ一番というときにビシッと叱る母親は「権威型」と「放任型」の混合型と言えるでしょう。私の親友の義母に、ふだんは細かい口は出さないのに、三人の子どもがほんとうに悪いことをしたときは三人並べて片端からビンタを食らわせるという人がありました。彼女は子どもたちから煙たがられてはいましたが、大人になってからの親子関係はすばらしくいい人でした。この人の人間性を子どもたちが尊敬していたからです。

こんなふうに、お母さんのタイプによって、それぞれ子育てのやり方が違ってくるのですが、日本では、多くのお母さんが生後二、三年は家のなかでわが子と密着して過ごすせいか、たいていの母親が「保護型」と「権威型」のミックスタイプになってしまいます。

しかしそうは言っても、日本ではとくに、母親の心の底の底には、「親バカ」の気持ちが呼吸《いき》づいており、しかもその母親ひとりの肩に子育てがのしかかっているところが日本の子育てを難しくしています。

ＮＭＳの受講生のなかには出産する前は保育士だったという方もずいぶんあって、他人の子は客観的に公平に、甘やかさないで扱うことができていたのに、自分の子となるとどうもうまくいかない、こんなに違うものなのですね、というお手紙を私は何度もいただいたものです。

ソファーの上で跳びはねてはいけない、スプリングが壊れるから、と何度言っても子どもは言うことをきかない。むしろ面白がって、キャッキャ笑いながら何度でもやってくれる。お母さんは根負けしてしまう。

どれだけ多くの日本の家庭で、こうした場面が繰り広げられていることでしょう。

子どもが学齢期に達してもこれが続きます。

忘れっぽい子はいつまでも忘れっぽい。ときどき学校から電話をかけてきて、「お母さん、体操服忘れた！　おねがい、もってきて！」

またァ、と怒りながら学校まで自転車を飛ばすお母さん。しかし、心のなかは楽しいのです。

散らかす子はいつまでも散らかし屋。めちゃくちゃな部屋を怒りながら掃除してしまうお母さん。

お母さんは決してしつけを放棄しているわけではありません。むしろいつも口をすっぱくして「ほら、片付けなさい」「また！　寝る前におもちゃを片付けなければ捨てちゃうからね」と怒鳴りまくっているのです。ところがそれできちんと片付ける子が育つかというと、ほとんどうまくはいきません。

日本の子どもたちは、その意味では実に「言うことをきかない」子どもです。

どうしてそんなことになってしまうのでしょう。

問題になってくる親と子の「相性」

ここでスポック博士の言っている親子の「相性」の問題をちょっと考えておきたいと思います。

子育てのほんとうに難しい部分は、Aさんの家庭でやって成功したやり方を、Bさんの家でやって成功するとは限らないということです。いや、同じ両親から生まれた子なのに、長男では成功したのに、次男では全然うまくいかなかったという話もよくあります。

かつて子どもが多かった時代には、一般に下にいくにしたがって親のしつけが甘くなり、上の子が「自分のときはこうじゃなかった、ひどいなぁ」と不平を鳴らしたりしたものでした。しかし現在のように子どもの数がせいぜいひとりかふたりという状況のなかでは、生まれる順番が引き起こす親子関係のブレは減ってきています。

いまむしろ問題なのは、親と子の性格の組み合わせが生み出す子育ての差なのです。お母さん自身が自分のタイプを正しく意識していないと、無用のエネルギーを使ったあげく、不幸な形で言うことをきかない子を育ててしまうことにもなりかねません。

では、どんなことに注意したらよいのでしょうか。

まず母親のタイプですが、日本にもっとも多い「保護型」のお母さんが、生まれつきおとなしくて従順な子どもに恵まれたときはどうなるでしょう。

「保護型」の母親は、なにくれとなく子どもの世話を焼くお母さんです。子どもに危険なことはさせたくない、いい子であってほしいと思うお母さんです。基本的にこのお母さんは、細かいことによく気のつく、家庭的な女性でもあります。

この母親に、おとなしい従順な子が生まれると、子どもはお母さんの言うことをきく「よい子」として育ち、幼児期には母と子の蜜月《みつげつ》を楽しむことができます。

ところがあまり安心ばかりしてはいられません。子どもが幼稚園など、はじめての社会生活に入るとき、問題が起きてくる可能性があるからです。

このとき、母親のふところであたたかく守られていた子どもの性格の、マイナス面・プラス面がはっきりしてくるのです。

ひっこみ思案で人見知りの強い子。朗らかで外向的な子。新しい体験を好まない気難しい子。気が強くて闘争的な子。子どもはほんとうにさまざまです。

たとえ「保護型」のお母さんが過保護ぎみで育ててきても、たいていの子は子ども同士の「遊び」が何より好きですから、すんなり集団にとけこんでいくことができるでしょう。

ところが最近では毎年、幼稚園に入るとき、お母さんの姿が見えなくなると泣きわめいてあとを追う子がひとりかふたり、必ずいるようになりました。お母さんは仕方なく、半日、園で待機したりしています。

人生最初の自立の機会に、すんなりその一歩を踏み出せない――それはほんとうに悲しいことです。

こうした子どもは、たいてい「保護型」の母親のもとで育っていますが、親と子の組み合わせが悪いと、外向的な子の場合はさほどの害にならない保護的な子育てが、こんなふうに母親から離れられない子を育ててしまうのです。

動物の母親なら、仔《こ》を産んだあと、次の繁殖期がくると、いままで自分の胸に抱きかかえていた仔をつき飛ばし、噛《か》みついて巣のなかから追い払ってしまいます。死にもの狂いで母親に慕い寄って行く子どもが、最後にはあきらめてとぼとぼと立ち去っていく……。胸の痛む情景ですが、それこそが健康な自然の姿です。

しかしそうした自然の摂理によって動かされない人間の母親は、子どもの自立のために何が必要かをつねに考え、自覚的に行動しないと、さまざまな形で親離れのできない子どもを育ててしまうことになりかねません。

母親の「言うことをきく」子の落とし穴

子育ての難しさは、自分のやっていることのよしあしがそのときすぐにわからないことにあると述べました。それと同じに、親と子の組み合わせの吉凶も、かなりあとになってからでないとわかりません。

三十年にわたる投稿誌『わいふ』の編集と「NMS」の子育て講座のなかで、私は実に多くの母と子の生活を眺めてきました。

子どもになんらかの問題が起こった時点で、はじめて相談者と向き合うのではなく、主婦として、妻として、母親として、日本の女性が生きている現場を、投稿を通じてさまざまな角度から長いスパンで眺めるなかで、子どもの「生きる力」を阻害する社会全体の仕組みと、お母さんの子育ての大変さが見えてきたのです。

そのなかで痛感したことのひとつは、日本でいちばん多い「保護型」の母親たちが一生懸命子育てをする現実のなかに潜む危険でした。

それは幼児期から始まります。

「保護型」のお母さんは、公園でわが子が他の子に泣かされたときなど、「放任型」の母親のように放《ほう》っておくことができず、飛んでいって引き離したり、気を紛らしたり、抱き上げたりしてしまいます。

一事が万事。「保護型」の親の子として生まれた子は、こんな形でいつも保護されているために、親と一緒の心地よさから離れることができなくなってしまうのです。

そのなかから、何か新しいことを始めるとき「これしてもいい？」といちいちママにうかがいを立てずにいられない子、何にせよ自分で思いついて自主的に行動を起こすことができない子どもが実に数多く育ってきます。さらに、いつも心地よく母親に保護されているために、したくないことは全部母親に押しつけてしまう、ひよわな一方でわがままいっぱいに育ってしまう子も少なくありません。

数年前に他界された心理学者の頼藤和寛さんは、「わがまま」と「依存」がないまぜになった子どもの行動を、「受容」一点ばりで許容するアドバイスの危険を知っていた数少ない硬骨の学者のひとりでした（その頼藤さんの他界は惜しまれてなりません）。

しかしもっとも望ましいのは、行動となって現れてから手を打つのではなく、その前からわが子に「生きる力」がつく子育てをすることです。実際、すでに小学校で、「○○ちゃんがうしろから鉛筆でつっつく」だの、「ハンカチがへんな色と言われた」とただそれだけのことで学校に行くのがいやになる子どもが増えてきているのです。そのほとんどはやさしい母親が、大切に大切に育てた子どもではないでしょうか。しかし彼らはやはり、「生きる力」に乏しい子どもたちなのです。

ではこうした子どもたちは、母親の「言うことをよくきく」子どもなのでしょうか。

それとも「言うことをきかない」子どもなのでしょうか。一歩すすめて、子どもがお母さんの「言うことをきく」ということは、悪いことなのでしょうか。いいことなのでしょうか。

「言うことをきく」ほうがいいのか、「きかない」ほうがいいのか

ここでひとつ、興味深い例をみなさんにご紹介したいと思います。

次のレポートを読んでみてください。

これはあるお母さんの子育て記録です。娘は二歳半の反抗期まっさかり。お母さんはまだ二四歳という若さです。お母さんはフルタイムの職業をもち、子どもは保育所に預けています。

◇月◇日

ヤクルトの空容器を床にころがしたままなので、「ポイしなさい」と言うと、「ヤダモン」と言って容器をけっとばす。

私が「こーらぁ！」とごくごく短く叱ると、笑いながらゴミ箱に捨てに行く。

娘は髪が長いので朝、髪を編んでやるのだが、なかなか椅子《いす》に座らない。「かんかんきれいきれいしよう」と誘っても、「ヤダモン」と知らん顔。時間が押してきたので「座んなさい！」と少し大きな声で言い、怒った顔をすると、素直に座る。

保育園に送っていくのに車で行くのだが、駐車場で雑草とりに夢中になり、なかなか車に乗らない。いつもはある程度やらせておくのだが、本日は時間切れ。イライラしてきて、「もう行くって言ってるでしょ、おしまいなの！」と切り口上で無理やり車に乗せる。彼女は暴れて「やだぁ、もっと遊ぶ」とごねるが、「いい加減にしなさい！」と一喝すると、「仕方ない」といった顔で黙る。

◇月◇日

出かけるので、夫と子どもが朝シャンをしに風呂《ふろ》に入ったが、また洋服を着ない。「ヤダモン」と洋服をなげ捨てて裸でかけずり回る。「お洋服着ないとパパとママおそとに行っちゃうよ」と言うが、聞こえないふりをしている。

何を言っても「ダメ、ヤダモン」なので、とうとう頭にきて、「もういい、お前はお留守番」と夫とふたり、玄関から出ていこうとすると、すっとんできて「まっててね、なおちゃんも行く」と洋服をもってきて「着る」というので着せる。

◇月◇日
　ぶどうを三人で食べていて、最後のを夫が食べてしまったので、「なおちゃんのない」と泣きわめく。

「なおちゃん、いっぱい食べたでしょ」と言っても「ないない」と泣きわめく。「もうないの、ぶどう終わりなの」と言っても、「ない、なおちゃんのない」と大泣き。面倒なので知らん顔していると、怒ってぶどうの皿を床へわざと落とす。夫が「コラ！　どうしてそういうことをするんだ」と怒るが、もう自分でもわけがわからなくなっているようで、ひたすら泣きわめく。

「いぃいいぃ、もうこういうときは無視するに限るわよ」と夫とふたり、知らん顔。しつこく泣きわめいていたが、少し落ち着いてきたので「なおちゃん、ご本読もうか」と誘うが、「いや、ダメ」と私をたたいたので、とうとうプッツン。「勝手にしろ、クソガキ」と怒鳴ってまた大泣きさせる。

（E・Yさん／女児二歳六カ月／母二四歳）


このレポートを読んでみなさんはどう思われたでしょうか。「クソガキ」にひんしゆくされた方もいたのではないかと思います。しかし一見荒っぽいこの子育ては、なかなかいいところをついているのです。

現にこの「ヤダモン」の恐るべき時期をとおり過ぎて三歳近くになったとき、この子はつきものが落ちたようにききわけのいい子になったのでした。

仕事中心の子育てのメリット

このお母さんの性質は「放任型」と「権威型」とのミックスで、子どもはエネルギーのある明るいヤンチャ娘です。性質はおとなしいどころではありません。

お母さんは元気のいい下町のおかみさんという感じで、「勝手にしろ、クソガキ」などと、言葉は荒っぽいのですが、ふだんの子どもへの接し方はそれほど抑圧的でもなく、かと言って過度に甘やかしもせず、中庸《ちゅうよう》を得ています。

しかしこの子はすでにもう、甘やかされて育っています。日本の赤ちゃん育ては、すでに書いたように、完全に甘やかし路線で統一されていますから、二歳近くの自我の発達してくる時期には、たいていの子は何でも自分の思うようにしようとして、扱いにくくなるのです。そしてこのときに扱い方を誤ると、その後の子育て全体がひずんでしまいます。

さて、このお母さんは最近では珍しく二二歳で子どもを産んでいて、二四歳のいま、フルタイムの職業の持ち主です。当然、娘は保育園に通わせています。

仕事をもつ彼女は、子どもの都合に合わせて行動することができません。子どもはどんなに遊びたくても、自分の都合で好きなことばかりはできません。

お母さんは、娘が駐車場で雑草とりに熱中する多少の時間は大目に見て遊ばせています。娘はかなり自由に振舞っていますが、それでもいざというときは母親の言葉に従わねばなりません。

仕事をもつこの母親は、子どもの髪の毛を編んでやるにせよ、自動車に乗せるにせよ、いつまでも子どもにつき合ってはいられないのです。彼女は社会的なルールのなかで動いていて、そのために子どもが「やだぁ、もっと遊ぶ」とごねても、「いい加減にしなさい」と一喝することができるのです。

もしもこれが、子ども中心で子育てをしている母親の場合ならどうでしょう。「やだぁ、もっと遊ぶ」と子どもに言われたら、「なら、あと少しね」と譲ることになるのではないでしょうか。そして、「あと少し」「あと少し」がくり返されていくことでしょう。

「子育てが楽しい」と言えない日本の母親たち

私は多くの母親の子育てを観察して、ひとりの母親がひとりの子どもを抱え、自分だけの意思によって子育てをしている状況が、いかに不自然で苦痛の多いものかを実感するようになりました。それは自然のうちに子どもの「甘やかし」につながっていき、それだけ子育てをつらいものにしています。

子育て最中の日本の母親で、子育てを「楽しい」と答える人は、いつ調査しても二〇%強しかありません。アメリカの母親では「子育ては楽しい」と答える人は七〇%近く、韓国も五〇%を越えています。

この現実は、基本的に、母親ひとりが密室のなかで子育てを背負っている状況、しかもその子育てが「お子さま中心」になっている状況からきているのではないでしょうか。

母親がいくら子どもの生活にけじめをつけようと思っても、けじめをつける必要がどこにあるのかというと、それがないのです。母親の生活すべては子どもを中心にしてまわっており、その状況のなかで、子どもが家庭の王様・女王様になってしまうのは必然的とも言えるのです。

それに比べると、前述のE・Yさんは何と幸福な母親でしょうか。

彼女は反抗期の怪物「ヤダモン」と一日一緒にいる必要はありません。いったん保育園に預けたあとは、仕事に没頭することができます。

また、彼女が子どもを産んだのは二二歳の若さでした。何となくできてしまい、何となく産んだのかもしれませんが、子どもの生まれる状況として、実はそれがもっとも自然な形ではないでしょうか。

さらに、若い夫婦であるE・Yさんの家庭では、「子ども中心」ではなく「夫婦中心」で動いていることがありありとわかります。

ある日も親子三人でぶどうを食べていて、最後の幾粒かを父親が食べてしまい、子どもはもっと食べたかったので泣きわめく。

「もうないの、終わりなの」といくらなだめても耳に入らない。こんなとき、ふつうの親ならもっとあたふたするのですが、この夫婦は取り合いません。十分食べたじゃないか、もうおしまい、と言ってきかせても泣き続ける子どもに、「いいぃいぃ、もうこういうときは無視するに限るわよ」と知らん顔を決め込みます。

しかし、このお母さんは単なる突き放し一点張りではなく、子どもが少し収まったので、「ご本読もうか」と気分を変えさせようとしています。ところが子どもはまだむくれていて、お母さんをたたく。お母さんはついに切れて「勝手にしろ、クソガキ！」

と怒鳴ってしまいます。

はたから見ると、こんな言葉はたいへんひんしゅくを買うかもしれませんが、いさかひんしゅくを買う言葉づかいであるとしても、彼女は結局のところ正しいのです。子どもは自分でも気持ちの収拾がつかなくなって泣きわめいているのですが、こんなとき、子どもは心のどこかで、すごい雷を落とされることを望んでいるのです。怒鳴りつけられて大泣きするとしても、心のどこかでは自分を怒鳴った親を是認しているのです。

そうしてそれから数カ月経ったあと、この子は反抗期を乗り越えて、見違えるように「ききわけのいい子」になったのでした。

大切な二、三歳児への対応

二歳児の反抗期には、こんなふうになんでも「ヤダモン」になる子は少なくありません。「ヤダモン」という形でなくとも、子どもはさまざまなやり方で親を試そうとします。

思いどおりにならないと奇声をあげたり、気にくわないことがあると悪態をついたり、ひっくり返って大声をあげたり、ものを投げたり、母親をけったり、忙しいときに限って抱っこをせがんだり……書き出せばきりがないほど、反抗期の子どもたちは母親を悩ませます。

自我が発達してきて、その一方、まだまだ言葉による完全な自己表現が不可能なこの時期、子育てはたしかに以前よりは難しくはなるのですが、それでも赤ちゃん時代に「泣けば抱っこ」「泣けばおっぱい」の甘やかしさえしていなければ、子どもの「ききわけのなさ」はこれほどひどくはならないのです。

家にいるお母さんたちは基本的に、自分が家にいるのは子どものため——と思っているので（実際そのとおりなのです）、E・Yさんのように子どもが「ほしい」というものを自信をもってきっぱり拒絶することができません。

彼女たちは子どもを一喝したり、雷を落としたりするどころか、子どもの泣きわめきになし崩しに押し切られてしまったり、要求を容《い》れないと子どもが情緒不安定になってしまわないか、と自分のほうが先に不安になって、叱りつけて大泣きさせた次の瞬間、子どもを抱きしめてしまったりします。「子どもを叱ったあと、抱きしめてあげましょう」というアドバイスがありますが、そのときの子どもの顔を観察してみたことがありますか？　多くの場合、子どもはきょとんとした顔をしています。直前に叱られたばかりなのに、次の瞬間抱きしめられるのでは、混乱してしまうのは当然ではないでしょうか。

叱られたあとは、子どもはしばらく落ち込み、親のほうも気まずい顔をしているのが自然です。叱ったあとすぐ抱きしめるのは、いたずらに子どもを混乱させ、叱責《しっせき》の効果を薄めてしまいます。いつまでも苦い顔をしている必要はありませんが、少し間をおいてからいつもの自分に戻ればよいのです。

こうしたアドバイスをはじめ、お母さんたちはほんとうにたくさんの情報に取り囲まれていて、それが子育ての苦労を倍加させているように感じます。

「子どもを授かってから、まわりによい助言者もなく、仕事もしていなかった私は、自分の力できちんと子育てをしなければという思いが強く、常に子どもの欲求に応《こた》えてあげなければと、子ども中心の生活をし、甘えさせてしまっていました。でも一歳を過ぎたころ、わが子はものすごく私べったりで（当たり前ですが）、どうしたらいいのかわからなくなって悩んでいました。

いまは自分なりに育児の道筋が見えてきた気がし、イライラすることが減って、子どもも以前よりずっと育てやすくなったように感じています」（一歳八カ月）

この方は「保護型」と「受容型」が強いお母さんでしたが、こうした形で育児に行きづまってしまう方はほんとうに多いのです。

その最大の基本的な過ちは、「子どもの欲求には何でも応えてあげなければならない」という思い込みにあります。

人間の基本的な欲求は、もちろん満足させられなければなりません。しかしあらゆる欲求を「満足させられどおし」だった子は、ガマンを知らない、ひよわなわがままっ子になります。それは子どもの「生きる力」を衰弱させる間違った子育て法です。

しかし、子育ての基本をわきまえるだけでは十分ではありません。

日々の子どもとの関《かか》わりのなかで、親は「生きる力」を子どもにつける子育てを具体的に実行することができなければなりません。

子どもたちは年々夜更かしの朝寝坊になり、ますますきちんとした生活習慣が身につかなくなっています。靴はぬぎっぱなし、おもちゃは散らかしっぱなし、そしてお母さんの言うことはなかなかききません。そして若いお母さんたちは、ますます子どもの「言いなり育児」になっています。もちろん「早く寝なさい」「おもちゃを片付けて」などとしつけようとはしているのですが、言葉だけが空回りしています。

子どもたちはどうしたら、お母さんの言うことをきき、しつけがうまくいくようになるのでしょうか。

第5章

必要な場面でちゃんと「言うことをきく子」

原則は簡単だ！

言うことをきく子を育てる原則は簡単です。

ただしこれから書くことは、子どもが言葉を理解するようになってからの原則です。赤ちゃん時代はまだ十分言葉が通じないので（実は大人が思っているよりずっとわかってはいるのですが）、この原則は通用しません。また、赤ちゃん時代に大切なことは、すでにたくさん書き込んだのでこれ以上触れないことにします。

もっとも「簡単な原則」をほんとうに役立つように応用するためには、強い意志が必要です。しかし原則を知っているかいないかは、実際には大きな差をもたらす、とても大切なことなのです。

まず覚えておいてほしいのは、親は子どもを友人として扱ってほしいということです。そう言ったら、「えー、なんでー！」と呆《あき》れられるかもしれません。怒り出す方もあるかもしれません。だって親は子どもの友人ではなく、「親」なのですから。

そうです、親と友人は違います。子どもがまだ小さいうちはわからず屋で、Ｅ・Ｙさん（一四六ページ）の子のように、何かにつけて「ヤダモン」を連発はするわ、大泣きはするわ、友人として振舞うなど、至難のわざですね。

でもあえて言いたいのです。

親は子どもが赤ちゃんとして生まれたときからつき合っていますから、その子のことは何から何まで知り尽くしているような気がしています。とくに母親は正直なところ、「この子は私のもの」ぐらいに思っています。しかし実際には、子どもは親にとってまったくの「他者」なのです。しかもその「他者」は、ふつうの他人と違って、親を否応《いやおう》なしにつらい目にあわせる他者なのです。

夜は何度も起こされる。食事の世話をしなければならない。ウンチとおしっこの始末。それだけならまだしも、そうした世話に対して、感謝の力の字もなく、泣いたりわめいたり――親はもう、へとへとです。

それでも親はやはりしみじみ、わが子を「可愛《かわい》い」と思っています。子どもが時折見せる笑顔に、「ママー」と甘えてしがみついてくるときに、親たちはこれまでの苦労も忘れてしまいます。

しかし、こうした日常を送る間に、親は――とくに母親は――相手が「他者」だということを忘れがちになります。とくにそれまでの育て方によって、子どもが言うことをきかない状態になっていると、親はだんだんわが子に、他人にならい到底言わない言葉を浴びせかけたり、仕打ちをしたりするようになってきます。その結果、子どもはますます言うことをきかなくなってしまうのです。

そこで、子どもに何か言ったりしたりするときに、まず一呼吸おいて、友人にならこんなことを言えるかなぁ、と考えてみてほしいのです。

例えば友人がテーブルの上のコップを倒して水をこぼしてしまう。そのときあなたは、「また！　どうしてあなたはそう、そそっかしいの！」と言うでしょうか。「そんなことをする人はベランダから捨てちゃうよ」と言うでしょうか。

出かける支度がのろくてグスグスしていたら、「早く早く！　いっつもあなたはのろいんだからぁ。もう先に行っちゃうよ」と言うでしょうか。

水をこぼした友人には「あら大変」ぐらいは言うかもしれませんが、そのあとは「はい台ぶきん！」と拭《ふ》くものを渡すでしょうし、支度のおそい友人には「○○もった？ハイ傘」などと手伝おうとするでしょう。私が言いたいのはそういうことなのです。

そういうときは、どうか信頼できる友人として振舞ってください。

ところで、信頼できる友人とは、基本的に次のような人ではないでしょうか。

①言うことが首尾一貫している。意見がころころ変わらない。
②あなたが何か頼んだとき、気持ちよくやってくれる。
③あなたと意見が違っても頭から否定せず、きちんと話を聞いてくれる。自分の意見はきっちり言うが、押しつけない。
④ウソをつかない。あなたをごまかしたり、脅かしたり、いい加減なことを言ったりしない。
⑤あなたの知りたいことは面倒がらずに教えてくれる。「ここね、こう結ぶとうまくいくよ」とか、「あ、そのことならあの本に書いてあるよ」などなど。
⑥くどくない。押しつけがましくない。物をくれたり、おごってくれたりすることで、あなたに取り入ろうとしない。
⑦あなたを他の人と比較しない。あなたの個性を認めてくれる。
⑧あなたの成功やあなたの幸福を喜んでくれる。

子どもが気持ちよく親の言うことをきく家庭では、基本的に親がこうした形の「よい友人」の態度で子どもに向き合っています。

もちろん育てやすい子とそうでない子という問題はありますが、ふたりの関係がどういうものになるかという鍵《かぎ》を握っているのは、何といっても親のほうなのです。それというのも親こそが、家庭のリーダーだからです。

ひとつの組織の人間関係がどんなものになっていくかは、基本的にリーダー次第です。会社でも、学校でも、政党でも、「長」の座に座る人が変わったとたん、雰囲気はガラリと変わることは誰でも知っています。そして家庭生活における家の「長」はさしあたり母親です（本当は父親なのですが、この問題にはいま、触れません）。

ただし母親の性格によって、すでに述べたように、子どもに対する向き合い方はかなり違います。性格を変えることは至難の業《わざ》ですから、それはある程度まで仕方のないことですが、しかし自分の性格を知っているかどうか、自分にはこういう傾向があるからなぁ、と少しでも反省しているかいないかで、人間関係は大きく違ってきます。

丹念な人、ズボラな人、まめな人、陽気な人、くよくよする人、怒りっぽい人、さっぱりした人、うたぐり深い人、威張りたい人、無口な人、くどい人……親になっても、人間の個性は変わりません。

たとえば「放任型」の親は、ズボラで陽気なことが多いのですが、それ故一六三ページの②や⑤のような行動をとるのはすこし苦手でしょう。うっかりすると、知っていることを教えてやらず、「もう、うるさいなぁ、何度同じことを聞くのよ」なんて子どもを突き放すこともしかねません。放任型の人は、そもそも他人の面倒を見るのがおっくうなのです。

でも子どもに対しては、「おっくう」ではことがすみません。子どもが母親に対する信頼感を失ってしまっては元も子もないからです。ですから、何か頼まれたとき、手が放せなかったら、「いま、これをやっているからできないけど、すんだらやってあげるよ」ときちんと説明して、ほんとうに手があいたら「お待ちどうさま」と忘れないでやってやりましょう。

「権威型」のお母さんは、子どもに対して強圧的で、指示命令をすることが多いのですが、それも性格によってくどかったり、意地悪かったり、意外とさっぱりしていたり、とまちまちです。でも友人に対して私たちは「勝手にしろ、クソガキ!」などとは言いませんよね。

しかし、日本でいちばん多いのは、「保護型」の母親が、子どもの世話を過剰に行なってしまう危険です。この手のお母さんは気性がやさしく、そして丹念な人が多いのですが、面倒見がよすぎるあまり、子どもの自発性をダメにする危険が大きいのです。頼まれる前にかゆいところに手が届くようにこまやかに子どもの面倒をみてしまい、子どもは――とくに男の子は――心地よく母親の世話に身を任せてしまうからです。

このタイプのお母さんは、人にものを教えるのが好きなのに、子どもには意外に生活技術を教えようとはしません。子どもに教えるより自分で何から何までしてしまうほうがラクだし、気分がいいからです。その結果、子どもに「言うことをきかせよう」と思うどころか、まめまめしく子どもに仕えることに生きがいを見出《みいだ》す「小間使いママ」になってしまう危険があります。

8項目全体のなかで、すべての母親が心から役割を果たしているのは、最後の⑧でしょう。ふだんは結構子どもに邪険な母親でも、子どもの成功や子どもの幸福を、世の中の誰よりも喜んでくれます。これこそほんとうの親心で、そこまで虚心に他者の成功を喜んでくれる友人はそうそうあるものではありません。

ところがこんなふうに、世のなかの誰よりも子どもの幸福を願っている親が、子どもの心をまっすぐに育てることに失敗していることが多いのです。

その一番まずいケースが、④なのです。

この部分をお読みになったとき、読者は不思議に思われたことでしょう。お母さんが子どもに対してウソをついたり、ごまかしたり、脅かしたりするなんて？　こんなお母さんがいるというの？　と思われたことでしょう。

ところが、そうなのです。

おなかへった？
かゆくない？
さむい？
あつい？
ジュースは？

子どもをだます日本人

私はつねづね、この国の政治家がいい加減なウソをつくのが平気で、しかもそれに対し、国民があまり怒らないで見過ごしていることを実に不思議に思っていましたが、最近、もしかするとこれは子どもがそういう形で育てられているからではないか、と思うようになりました。

日本の子どもたちは、身近な肉親から——いちばん大切な母親や祖母などから、しばしば気楽にウソをつかれているのです。ごまかされたり、だまされたりしているのです。

そんなバカな！　母親や祖母が子どもをだますなんて。信じられない、とおっしゃることでしょう。でも、そうなのです。

例えばお母さんの甘やかしの結果、ママべったりで母親から離れられない二歳児がいるとします。

ある日、どうしても出かけなければならない用事があって、お母さんが自分の母親——つまりお祖母《ばあ》ちゃんに来てもらい、子どもを置いて出かけようとします。でも出かけたりしたら、子どもはあとを追ってきて大変な騒ぎになるでしょう。そこでお祖母ちゃんは言うのです。

「ほら、私と積み木している間に、はやく出かけちゃいなさい」

子どもは機嫌よくお祖母ちゃんと遊んでいる——が、ふと気がつくと、ママがいない。それからの修羅場は、ご想像のとおりです。

一度こういう目にあうと、子どもはもう、お祖母ちゃんの言うことは信用しません。母親に対しても、いつ黙っていなくなるかもしれないという猜疑心《さいぎしん》も芽生えます。

こういう子育てを、私たち日本人はほとんど「悪いこと」と思っていません。でも、自分の一番身近な人からこういう仕打ちを受けた子は、目先の修羅場を避けるために、いい加減なことを言ってごまかすことに罪悪感をもたない人間になるのではないでしょうか。組織内に何か不祥事が起こっても、善悪の別を立てて正しく裁こうとせず、なぁなぁでもみけそうとする人間になるのではないでしょうか。

日本には「子どもだまし」という言葉がありますが、この言葉には日本独特のニュアンスが込められています。子どもが大人にだまされることは当然。子どもはだまされるべき人間である——それがひとつの文化として定着している感覚が、この言葉の背後には張りついているように思われてなりません。

念のため、ドイツ語と英語に詳しい友人に聞いてみましたが、それらの国々にはこの言葉に当たる熟語はやはりありませんでした。フランス語では辞書をひくと「見え透いたウソ」「子どもっぽいウソ」という合成語が出てきます。そこにはそのウソの拙劣《せつれつ》さに対する嘲《あざけ》りは込められていますが、日本語の「子どもはだまされて当たり前」というニュアンスはまったく感じられません。

日本人は子どもを心から可愛がる人々なのに、その相手を人間として尊敬していないらしい――。ほんとうに不思議なことではないでしょうか。

大人が好きなウソ

ある日の外出のとき、乗っていた電車にふたりの若い女性が乗ってきました。三、四歳の可愛い女の子を連れていましたが、その子は席に座らず、ガラあきの電車のなかを歩きまわっています。すると片方の女性が言いました。

「〇〇ちゃん、座んな！」――女の子は言うことをききません。すると、もうひとりの女性が自分の掛けている席の後ろを指さして言ったのです。

「ほらワンワンがいるよ、ワンワン！」

彼女と同じ側の席に掛けていた私は、思わず振り向いてしまいました。犬の飼育場でも見えるのかと思ったのです。

影も形もありません！

子どもはその言葉に反応さえしませんでした。彼女はこれまでの経験から、この女性たちの言葉のいいかげんさを身にしみて知っていたのでしょう。

これはあまりにもひどい例かもしれません。でも子どもが言うことをきかないで大泣きしているとき、私たちは彼らにまともに向き合わないで、「ホラホラホラ、お庭にスズメが来ているよー」などと抱き上げて気をそらそうとはしないでしょうか。病院に予防注射を受けに行かなくてはならないとき、きちんと言いきかせて出かけるのではなく、何も言わずに連れ出したりしないでしょうか。そして泣きやませようと、あとでお菓子をやったりしていないでしょうか。

だまし・ごまかしが一般的なら、脅かしも一般的です。『わいふ』へのレポートにも、「あと五分で食事が終わらなかったら、食後のみかんはやらないよ」と子どもを脅かしているお母さんがありました。この方は正直に「実際は五分を過ぎていたけれど、みかんはやることにした」と書き添えています。

「脅かし育児」はほんとうにはびこっています。男の子ばかり三人、上から小学校三年、一年、年少の子をもつ母親から寄せられた次のレポートを読んでみてください。

毎日毎日、本やおもちゃを片付けないで寝てしまうので頭にきています。毎晩、「この本いらないんだね！　子ども会のゴミの日に出しちゃうよ！」と階段の下で叫ぶと、二階から降りてきて片付けはするのですが、私が怒鳴らないと、絶対に自分たちで片付けようとしないのです。（O・Yさん）

このお母さんは自分でも気づかないうちに、子どもを「脅かし」ています。そして「脅かし」で育てられた子が、母親（あるいはその他の大人）の言うことを聞き流すようになるのは当然です。日本の子どもに大人の言うことをきかない子が多い理由のひとつは、大人たちが、こうした「脅かし」「ごまかし」に頼って子育てをしているからではないでしょうか。

大人はほんとうに、子どもの信頼感を失うような言動を無意識のうちにやっています。たとえば何かをやってほしい、買ってほしいなどとねだられたときお母さんがよく言う「今度ね」。「今度」っていつのこと?

「ねぇ、バナナちょうだい!」とせがまれて、「バナナなんかありません!」と言いながら、せがみにせがまれた挙句、手提袋のなかからバナナを取り出したお母さん。これはアメリカの社会学者が書いている有名な例ですが、それが学術書にまで報告されたということは、こんな形の母親の「ごまかし」は欧米諸国にはほとんどないということを表しています。

さまざまなタイプのお母さんが、無意識のうちに「ごまかし」や「はぐらかし」に頼って子育てをしています。

そんなことをしなくとも、子どもに人間として向き合えば、子どもはもっとずっと自発的に親の「言うことをきく」「生きる力」のある人間として育つことができるのです。

最近、びっくりしたことがあります。

T子は病院やその関係のことが大嫌いです。薬をもらいに病院に行くと、先生の白衣を見ただけで大泣きしていました。ところが先日、待合室で「いまからおなかとのどを、こうやって見てもらうよ。痛くはないよ」と、身振りで予備知識を入れてやりました。するとその日は、ニコニコ笑顔で受診ができました。（子どもを）人間扱いするとはこういうことなのですね。（二歳三カ月）

このお母さんの経験は決して珍しいものではありません。

私たちは、「どうせ言ったってわかりゃしない」と思い込んで、幼児に前もって情報を与えることを怠っています。

今日はお客様がいらっしゃるから、などとお母さんがバタバタしている日に限って、子どもがむずかったり、へんにうるさかったり、まつわりついたりするものです。ホントにもう！　いつもこういうときに限ってこうなんだから！　と母親はアタマにくるのですが、それは子どもに情報を与えないからなのです。

言葉がわからないと思っていても、「今日はお客様だからおとなしくしていてね。お帰りになったら遊ぼうね」と言ってきかせれば、子どもはちゃんとわかってくれるのです。よく考えてみれば、いつもと違い、お母さんがバタバタしていて様子が違う。自分に構ってくれる時間も少ない。子どもが何だか不安になり、不愉快にもなるのは当然ではないでしょうか。

子どもを人間として扱うというのはそういうこと。言葉を使って子どもとの意思疎通をはかるということを、日本の親たちは忘れすぎているのではないでしょうか。

「しつけ」の基本

ところで一〇年ほど前から「ガミガミ育児」の母親より、「言いなり育児」「流され育児」の母親のほうが増えてきています。子育ては楽しくあればいいと思い、子どもが親の言うことをきくように育てるということさえほとんど念頭にないお母さんが増えてきているのです。

しかし、しつけの原則をもたない親に育てられる子どもはかわいそうです。人生という航海に乗り出したのに、ひたすら「あなたの好きにすればいいのよ」という感じで育てられているのでは、自信がもてないのは当たり前。親が子どもに与える「しつけ」は、子どもが社会人として生きていく能力をつけるために、絶対に必要なことなのです。

「しつけ」と言うと、何をどんなとき、どんな形で言いきかせるのか、具体的な状況に応じた答えを知りたいと思う方が多いかもしれません。ここで「しつけ」について、ほんとうの基本の「き」になる原則をお伝えすることにしましょう。

「しつけ」は、子どもが社会生活を送るにあたってどうしても必要な「対人関係」の基礎をつくることです。しかしその「基礎」は、家庭によってさまざまなバラッキがあることは当然と考えていただきたいのです。それぞれ伝統も、親の性格も、生活内容も違う家庭の子育てを統一する必要はありません。

たとえば戦前には「お父様がいらっしゃるまでは食べてはダメ」と父親が食卓につくまで子どもたちが箸《はし》をとらないで待っている家庭もありました。いまや子どもだけ先に座について、テレビを見ながらごはんをかっこんでいる家は多いでしょう。しかし、父親が夕食の時間にまだ帰宅していない状況が一般的ならば、それでいいのです。

問題はこうしたひとつひとつのマナーではなく、両親がマナーをしつけようとしても、子どもが一向に「言うことをきかない」という状況にあるのです。

子どもが親の「言うことをきく」。これは親子関係の基本がきちんとしていれば当然のことです。

子どものしつけがうまくいかないとき、よく次のようなことを言う人がありますが、それはまったくの見当はずれです。

お母さんが働いている／家に老人がいない／子どもにモノを買ってやらない／夕食を一家そろって食べない／父親が夜働いて昼間は寝ている／経済的に貧しい／大きな声であいさつをしない／神棚や仏壇がない／言葉がきたない。

もちろん言葉づかいは乱暴よりきれいなほうがいいですし、あいさつもしっかりと大声でやるほうが気分はいいに違いありません。

しかし、子どもが親の「言うことをきく」かどうかということは、家庭の経済状況や暮らしぶりや、暮らしの習慣の問題とは別なのです。毎日夕食を一家で食べる家庭の子のほうが、そうでない家の子より「言うことをきく」という必然性はありません。そのへんを取り違えると、外面的な形を整えれば子どもが言うことをきく子として育つという錯覚にとらわれてしまいます。

寝る時間・起きる時間、食事に何を食べさせるか、テレビやビデオは何をどれだけの時間見せるか（NMSは双方あわせて最高一時間と考えています）など、子どもの生活時間をコントロールするのは親の役目ですし、生活を規則正しくすることは子どもの未来にとって大切ですが、ほんとうの意味で正しい親子関係をつくることにはなりません。子どもが親の「言うことをきく」ということは、そうしたこととは次元の違う問題です（ただしここでいう「子ども」は一〇歳ぐらいまでで、思春期に入った子の問題はまた次元が違います）。

子どもの生活が規則正しく、マナーのしつけもうまくいっていることはもちろん望ましいことには違いありません。しかし一見「いい子」に見える子どもの育ちがただ形だけの問題にとどまり、子どもの心に親へのほんとうの信頼がはぐくまれていないとすれば、親たちはいつか必ずひどいしっぺ返しを受けるでしょう。最初に「親子の信頼関係」というニワトリがあればこそ、きちんとした生活習慣というタマゴが生み出されるわけで、この場合ニワトリとタマゴの関係は、完全にはっきりしています。

お母さんの空回り

では信頼される親、とくに母親とは、どういう親なのでしょうか。子どもが母親の「言うことをきく」家庭と、「言うことをきかない」家庭との差はいったいどこでつくのでしょうか。

しつけのつもりで「脅かし」を使っている母親の場合、子どもが母親の言葉を真に受けなくなる例はすでに述べました。

「脅かし」とはなんでしょう。それは「こういうことをしなければ（あるいはすれば）、こういう罰を与えるよ」と予告しておいて、それを実行しないことです。

狼《おおかみ》少年の例まで持ち出さなくとも、子どもでも始終親から脅かされていたら、「また始まった」と母親の言葉を真に受けなくなるのは当然です。子どもはただ、当面うるさいので、怒鳴られれば言うことをきくだけのこと。人間として必要な生活習慣はまったく身につかず、子育ての真の目的からは完全にはずれてしまっています。

これこそ子育ての失敗です。

一度口に出した言葉はぜったいに守る。だから軽々しく「こうしなければこうしてやるわよ！」などと言ってはダメなのです。

どんな高価なおもちゃでも、「捨てちゃうよ！」と言ったのなら必ず捨てなければなりません。子どもの「散らかしっぱなし」は、これ一発で改善されるでしょう。しかもそれは、単なる片付けだけの問題ではなく、「お母さんは言ったことはかならずやる人なんだ」という信頼感を子どもの心に植えつけるのです。

ただしこの場合、大切なのはアフターケアです。大切なおもちゃがなくなっているのを発見した子どもはパニックです。「ない、ない、どこへしまったの！」と泣いたりわめいたり、暴れたりもするかもしれません。

そのとき大切なのが母親の対応です。ごく淡々と「約束だから捨てたよ。昨日言ったよね」と言ってください。

「だから言わないこっちゃぁない」という態度をしたり、あまりに嘆き悲しむのでいたたまれなくなり、「もうしないって約束するなら」と隠しておいたおもちゃを取り出したり（こういうことをするお母さんは少なくありません）、また同じおもちゃを買ってやったりは絶対しないこと。また、「ほらごらんなさい」という意地悪な態度も絶対禁物です。わざとらしい「知らん顔」も不自然ですが、淡々と、しかしあたたかい態度でいてください。こんなことをしたら子どもに嫌われるのではないか、と心配することはありません（この心配から「しつけ」ができない母親はたくさんいます）。このとき適切な態度をとれば、子どもは母親を恨むどころか、逆に尊敬するようになるのです。

言葉の使い方が大切

さて「脅かし」を含めて、ごまかし・はぐらかしなど、相手を人間として扱わないことが子どもの親に対する信頼感を損なうことはわかっていただけたと思います。

その上で言葉をきちんと使えば、子どもはききわけがよくなります。

例えば前述のように、病院などにわが子を連れていくとき、前もってちゃんと言いきかせておくと、ほとんどの子どもはちゃんとききわけてくれます。たとえちょっと痛い注射をするときでさえも、「ちょっとチクンだよ。ガマンしようね」と言っておけば、子どもはほんとうに健気にがまんするのです。

でも、お母さんは不思議なほど言葉を惜しみます。

たとえば赤ちゃんが座っている場所を変えるときなども、お母さんは赤ちゃんをいきなり抱き上げて、まるで荷物のように移してしまいます。ベビーカーに乗るときも、「じゃ、ベビーカーに乗ろうね」と言葉をかけてから行動に移す母親もほとんどありません。

その反面、子どもがそばを離れてトコトコ駆け出すと、「危ないよー」と声をかけたりします。「危ない」状況がまったくないときでも、習慣的に口走ってしまうのです。

子どもに信頼されようと思ったら、どっちでもいいときには口を出さない。しかしここ一番というときは、ぴしりと注意する。お母さんの小言がバックグラウンドミュージックになってしまってはいけないのです。

そして、子どもの理不尽な態度を許さないこと（子どもにたたかれても笑っているお母さんがいます）。汚い言葉づかいを許さないこと（友だちから聞き覚えて、母親に「くそばばぁ」なんて言ってみる子があります。そのときはすぐに「ん？　いまなんて言った？ そんな言葉はお母さん、許さないよ」と最初にピシッと強く叱らなくてはいけません。「いやぁねえ」なんて笑っていてはダメなのです)。

また、お母さんも、子どもにものを頼むときはていねいに、「○○してくれる？」と頼みましょう。そしてやってくれたら「ありがとう」と言ってください。

日本の家族には、「どうぞ」とか「ありがとう」という言葉が定着していません。

アメリカの母親は、三、四歳の子どもに「Would you please pass me the newspaper?」などという言い方を繰り返し教えます。「Will you?」ではぞんざいすぎてダメだというのです。日本だったらどうでしょう。親は子どもに新聞を取ってもらいたいとき、「そこにある新聞、取ってー」と言うだけではありませんか？ そして「ありがとう」の代わりに「ふん」だけですませることすらあるのではないでしょうか。日本のお母さんは、言葉のマナーを仕込むことには気を遣わず、始終子どもに指示・命令の言葉をかけてしまいがちです。

「六時よー、起きなさいよ！」からはじまって、「顔洗ったの？」「ベッド直したの？」と追い打ちをかける。子どもが出かけるときとなれば、「ちゃんと靴、はきなさい！」――子どもが靴のかかとをつぶしてズルズル引きずって歩いているのをやめさせようとしているのです。

指示・命令をしている限り、子どもは自分から自発的に身の回りのことをするようにはなりません。そしていま「言われなければしない」子は、やがて「言われてもしない」子になるでしょう。親の「言うことをきかない」くせに、親に依存する人間として育つ——こんな若者を育ててしまっては、子育ては到底「成功」とは言えません。

ある大学の学生課の職員は、「息子が宿題を忘れて行ったので、これからFAXするから渡してほしい」という電話を受けて仰天していました。「でもお宅の息子さんがいまどの教室にいるのかわかりませんよ」と言うと、「息子が徹夜してやった宿題なのだから、何とかさがして渡してほしい」とお母さんは必死。

子どものすべてに口を出し、手を出し、大学生になるまで面倒を見続ける——そうすると、親の言葉を聞き流しつつ、最後は親に依存する若者になってしまいます。

子どもに「言うことをきかせる」ということは、子どもを押さえこむことではなく、きっちりとしつけが身につくような親子関係であること、そしてそれが子どもを自立へと導き、生きる力となってその子の人生を豊かなものにすることであることを忘れないでほしいと思います。

終章

子どもの「生きる力」を伸ばすために

意外に難しい「子どもに言うことをきかせる」ということ

ここまで読んでくださった方は、「言うことをきく子ども」を育てるのは案外難しいなぁ、と思われたのではないでしょうか。

私もそう思います。その最大の原因は、家のなかで、お母さんがひとりで子育てを背負っている、ということにあります。過去の伝統が役に立たない現代というこの時代で、しかも日本という独特な子育ての伝統をもつ国で、ほんとうに賢明な子育てをすることは容易ではありません。

でも「難しい、難しい」とばかり言ってはいられません。

ここで再度、「言うことをきく」子ども、しかも「生きる力のある」子どもを育てるにはどうしたらいいかという難問に、できるだけ簡単にお答えしてこの本を締めくくることにします。

「言うことをきく」子どもを育てるコツ

1・毎日の生活のなかで必要なことを、もう一度ここでまとめてみましょう。

◎ここだけは守らなければならないという家庭のルールをつくる。できるだけ数は少なく、幼児の場合は寝る時間、テレビを見る時間、食事の時間、食事のマナーなど（食べ物を投げ捨てたりしないなど）。この場合、ルールの内容よりも、ルールがあるということ、そしてそれを破らないということが大切なのです。一度決めたルールは、よくよくの事件でもないかぎり絶対に破らない。どんなに泣かれたり、ごねられたりしても譲歩しない。親が断固として意志を通せば、次からは子どもはぐんと「言うことをきく」ようになります（そんなことで子どもは親を嫌ったりしません。むしろ親に一目置くようになり、尊敬の念をもつようになります）。

◎つまらないこと、どっちでもいいことにいちいち口や手を出さない。子どもが間違ったことをしていても、危険なことでないかぎり親は手を出さない（シャツを後ろ前に着ていても、「それ後ろ前じゃないかな？」ぐらいにしておく）。

◎自分でやったことは、自分が責任をとるようにする。

皆で出かけるとき、寒いのにどうしても上着を着ないなどとがんばるとしたら、「そうか。じゃ、着ないで行こう」とあっさり引き下がる。こういう場合は「ルール」に関係はないのですから、子どもに「着る・着ない」の選択を任せておいてよいのです。もしも途中で寒くなってきたら、子どもは自分の選択の結果を身をもって知ることになるでしょう(ただしカゼをひかせては困るので、途中で寒くなってきたら「上着、持ってきたよ。着る?」と言ってみるのはいいのです)。

◎自分がしていたことの間違っていた部分に気づき、これから子育ての方針を変えなければならないと思ったら、はっきり言葉で説明しましょう。
「ママね、これまで添い寝していたけど、添い寝をするとママ、このごろ朝、とっても疲れるんだ。だからこれから一緒に寝るの、よすね」という具合に。

◎どんなときにも、子どもは基本的に自分と対等な人間であるという視点を失わないこと。
相手の気持ちを大切にし、何かをやってもらったら「ありがとう」と言うことも含めて、折につけては家族のなかに気持ちのいい会話を増やすことに努めましょう。言葉を自在に操る能力は、やがて学力にも通じるのです。

2・幼稚園に入るまで家でお母さんがひとりで子育てを背負うのは望ましいことではなく、できるだけ早い時点で、子どもを集団生活のなかに入れましょう。保育園ならゼロ歳の後半に、幼稚園なら三年保育へ入れるのが理想的だと私は考えています。お母さん一人の力では絶対にできないすばらしい子育てを、専門家の力、子ども集団の力がやってくれます。

子育ては迷うことばかり

以上、簡単に書きましたが、子どもの自我が強く、生まれたときから我を通して育てられ、言うことをきかない子になっていると、親は失われたイニシアティブを取り戻すのが大変です。しかしそのまま学齢期に突入してしまうと、親子関係の未来はもっと大変なことになるでしょう。

「子どもが親の言うことをきく」ということは、当然のことです。しかしそのためには、親の側が、自分の子育てがほんとうに子どもの「生きる力」を伸ばすことに役立っているかどうか――と常に反省することが必要です。

迷うときには、自分が「どんなタイプの親かな？」と考え直してみることも役立つでしょう。

●ニュー・マザリングシステム（NMS）研究会

「ニュー・マザリングシステム（NMS）」は、「生きる力」のある子どもを育てるための通信教育講座です。対象とする子どもは、0歳から3歳まで。約5カ月にわたり、お母さんの個性と生活環境に合わせ、マン・ツー・マンで個別に子育てアドバイスを行なうシステムをとっています。受講者から「子育てがほんとうにラクになった」と感謝の声が寄せられています。

〈連絡先〉〒162-0062　東京都新宿区市谷加賀町2-5-26　☎03-3260-2509

おわりに

日本では、子育てでいちばん大切なゼロ歳の時期に子どもを徹底的に甘やかす子育てが横行しています。そして、満一歳を過ぎて手に負えなくなる子どもを抱えて、〝ガミガミママ〟や〝言いなりママ〟が増えてくる——そのママたちの現実を見て「最近の母親はやさしくない」とか「言葉があらい」などと批判されるのですから、お母さんこそたまったものではありません。

人生のスタートラインでの甘やかしが尾を引いて、母子関係がひずんでしまい、結局「生きる力」の乏しい若者が育っていく——なんと悲しいことでしょう。

子どもは愛さなければなりません。でも、甘やかしてはならないのです。この原則が理解されないかぎり、子どもたちの「生きる力」の衰弱はつづくでしょう。

子育てが本当に難しい時代になりました。でも、子どもほど多くの喜びを母親にもたらしてくれるものはありません。だからこそ、子どもを愛し、可愛《かわい》がりながらも、甘やかさず、けじめをつけて育ててほしいと願っています。バランスのよい子育てで、ぜひあなたの愛児の「生きる力」を育ててください。

この本がみなさんの親であることの幸福を増すように祈っています。

ニュー・マザリングシステム（ＮＭＳ）研究会代表　田中喜美子

著者紹介▶▶▶▶田中喜美子（たなかきみこ）

東京生まれ。1959年、早稲田大学文学部卒業。76年より、主婦の投稿誌『わいふ』にかかわり、現在編集長。その間、さまざまな出版活動や市民運動を並行しておこなう。97年３月には、独自の乳幼児通信教育講座「ニュー・マザリングシステム」を開発。ＮＭＳ研究会メンバーによるマン・ツー・マンの丁寧な指導は、多くの母親の支持を得ている。
主な著書に、『いじめられっ子も親のせい!?』（主婦の友社）『ＮＯ！と言える子育て　子どもを蝕む22の育児常識』（飛鳥新社）『「しつけ」のできる親になる』（海竜社）『母子密着と育児障害』（講談社）『子育て大崩落』（毎日新聞社）などがある。

「言うことをきかない子」のしつけ
こうすれば子どもは“ちゃんと”ききわける

2006年４月19日　第１版第１刷発行
2006年９月25日　第１版第３刷発行

著　者　田中喜美子
発行者　江口克彦
発行所　ＰＨＰ研究所
京都本部
〒601-8411　京都市南区西九条北ノ内町11
内容のお問い合わせは〈教育出版部〉☎075-681-8732
購入のお問い合わせは〈普及グループ〉☎075-681-8818

制作協力　株式会社ワード
印刷所　図書印刷株式会社

ISBN4-569-64708-1